兰州财经大学省级统计学一流特色学科资助

基于生活质量视角的农村贫困测度方法及应用研究

JIYU SHENGHUO ZHILIANG SHIJIAO DE
NONGCUN PINKUN CEDU FANGFA JI YINGYONG YANJIU

韩 君 著

中国商业出版社

图书在版编目（CIP）数据

基于生活质量视角的农村贫困测度方法及应用研究／韩君著．—北京：中国商业出版社，2019.12
　　ISBN 978-7-5208-1014-2

　　Ⅰ.①基… Ⅱ.①韩… Ⅲ.①农村-贫困问题-研究-中国 Ⅳ.①F323.8

中国版本图书馆 CIP 数据核字（2019）第 276793 号

责任编辑：管明林

中国商业出版社出版发行
010-63180647　www.c-cbook.com
（100053　北京广安门内报国寺1号）
新 华 书 店 经 销
北京市京东印刷厂印刷
＊　＊　＊
710 毫米×1000 毫米　16 开　10.5 印张　190 千字
2019 年 12 月第 1 版　2019 年 12 月第 1 次印刷
定价：36.00 元
＊　＊　＊
（如有印装质量问题可更换）

前　言

改革开放以来，农村贫困人口收入水平大幅度提高，农村基础设施不断完善，农村贫困人口温饱问题已经基本解决；但扶贫对象规模依然很大，制约贫困地区发展的因素仍然很多，扶贫开发工作面临着巨大的挑战。在全面建成小康社会决胜期，党的十九大报告明确指出，让贫困人口和贫困地区同全国一道进入全面小康社会是我们党的庄严承诺。当前，容易脱贫的已经解决得差不多了，剩下的大多是居住在自然条件差、经济基础弱、贫困程度深的贫困人口，脱贫的内生动力不足。从这个意义上讲，脱贫攻坚战越往后成本越高、难度越大、见效越慢，越需要非常之力、非常手段。在脱贫过程的瓶颈期，我国扶贫脱贫工作更要突出"精准"这一特点，首先要做到的就是使用更有效的方法精准识别贫困人口，进而才能更好地精确帮扶，减少贫困人口。现在的全国农村贫困监测系统，以抽样调查为基础，限于样本规模和调查经费的限制，只能提供全国和分省的贫困监测总体信息，却无法反映贫困人口在各县（区）和各乡（镇）的具体分布状况。

如何及时、有效地获取详细可靠的县及县以下的相关贫困信息、帮助决策部门确定具体扶贫政策措施的实施对象，成为扶贫开发管理中迫切需要研究解决的难点问题。同时，不论是贫困线测度问题研究还是贫困程度测度问题研究，所基于的视角都是居民收入，即根据居民收入测度贫困线和贫困程度。在全面建设小康社会的背景下，仅借助居民收入来测度贫困问题有失全面性和现实性。同时由于所使用的居民收入数据多来源统计年鉴，比较偏重于宏观性，因此测度结果难以反映贫困家庭的具体经济行为特征，对于识别贫困家庭的可行性微乎其微。基于此，本书依据全面建设小康社会的目标和内涵，在研究视角上选择生活质量而非传统的居民收入作为农村贫困测度的研究切入点，在数据使用上选择农村入户抽样调查资料而非统计年鉴的宏观数据，在测算方法上选择人工神经网络模型而非综合指标的计算方法。本书通过对贫困内涵和贫困测算方法的梳理和剖析，同时结合全面建设小康社会的内在要求，在此基础上提出以生活质量作为农村贫困测度的研究切入点，以农村入户抽样调查资料为分析对象，构建农村贫困人工神经网络模型对甘肃省各县（区）在基本贫困标准、扶贫标准、稳定脱贫标准等不同贫困标准下的农村贫困人口数量、贫困人口分布、贫困发生率进行测算。得到以下主要结论：

第一，贫困内涵本身不仅比较复杂、比较抽象，同时还是一个与社会经济发展密切相关的动态概念。现有关于贫困内涵的论述往往是从收入或支出的单一维度进行阐释，与之对应的测算方法也主要以概念化的公式或指标为主，这显然与当前全面建设小康社会的内在要求并不相符。为更加客观、准确反映全面建设小康社会背景下农村居民的生产生活情况，本书提出从生活质量的视角识别和衡量农村贫困的新框架。

第二，建立农村居民生活质量评价指标体系是构建农村贫困人工神经网络模型的基础和平台。本书根据生活质量的内涵，充分考虑客观需要与主观需要、物质需要与精神需要、较低层次需要与较高层次需要，从收入消费与经济环境子系统、公共服务与设施供给子系统、教育与文化子系统、医疗健康与卫生子系统、农业生产子系统、家庭生活子系统、环境子系统7个方面建立农村居民生活质量评价指标体系。

第三，甘肃省普通农户性别比基本平衡且劳动力资源充沛，少数民族地区婚姻状况比较严峻且文化程度普遍偏低；大部分地区从事农业生产的农户不愿意出去务工，从事农业生产时间较长且以种植业为主，接受过农业技术培训的比例偏低，参加农业保险的意识不强；少数民族地区农村空巢老人占比较低，城镇化水平高低与农村在校学生比例成反比；大部分地区农户饮用水状况良好，生活用能以煤和柴草为主，农村地区拥有电脑数量普遍偏低，手机普及率虽较高，但网购经历较少，使用电子商务销售农产品比例偏低。

第四，甘肃省规模农户中少数民族地区未婚人群比例较高且文化程度普遍较低，对农业技术培训不够重视，在校学生占比差异较小且农村空巢老人占比较低；大部分地区农户倾向于在本地活动，生产方式主要以种植业和畜牧业为主，且从事农业生产时间在30天以上；大部分地区农户饮用水状况良好，生活用能以煤和柴草为主，家庭厕所以普通旱厕和卫生旱厕为主；转包是土地流转的主要方式，流转耕地主要用于农作物种植，大部分地区农业经营单位参加农业保险的意识较弱。

第五，农业经营户和规模农业经营户在未婚率和丧偶率方面，在校学生比例、接受农业技术培训比例方面，使用煤气、天然气、电作为生活用能方面，从事农业生产时间等方面均存在差异。这表明中央和省级政府各项惠农政策的实施和落实确实对农村居民生产生活状况有了一定的改善，但对普通农户和规模农户生产生活方面产生的效果存在着差异。

第六，本书所构建的农村贫困测度人工神经网络模型不仅适合于甘肃省农村贫困人口的测度，同时也适合于其他区域农村贫困人口的测算，具有一定的可复制性。根据生活质量确定的贫困标准与根据收入确定的贫困标准一样，都是相对的、动态的标准，需要随着社会经济发展水平的不断提高进行调整。农村贫困测度神经网络模型对低生活质量居民家庭和较高生活质量居民家庭预测的正确概率较高，对较低生活质量居民家庭预测的正确概率相对较低。

第七，从分布地域来看，甘肃省河东地区和陇南地区不仅农村贫困人口比较多，而且贫困面也比较宽；而河西地区不仅农村贫困人口比较少，而且贫困面也比较窄。甘肃省贫困人口规模较大的县（区），其潜在的贫困人口数量较大，相应的，返贫概率和数量也较大，要实现稳定脱贫的难度也较大；而贫困人口规模较小的县（区），其潜在的贫困人口数量较小，相应的返贫概率和数量也较小，要实现稳定脱贫的难度会降低。

整体来看，农村居民在饮水、做饭、取暖、出行等基本生活方面得到了有效保障，电脑、手机等日常通信工具的普及率在逐渐上升。农村居民的生活质量有了较大的改善，大部分农户实现了"两不愁、三保障"；规模农户和普通农户之间在各个方面既存在不同点，又存在相同点。这既离不开中央和省级政府各项惠农政策的实施和落实，又离不开精准帮扶工作的持续跟进。我们在看到这些来之不易的成绩的同时，还应该看到甘肃省农村的落后面貌没有得到根本性的改变。存在的问题主要表现在：

第一，几千年来农村居民形成的乡土观念依然根深蒂固。甘肃省大部分农村居民宁肯从事农业收入少一些，也不愿意到外面去务工；而且部分家庭千辛万苦培养出来的大学生，在毕业以后仍然希望他们回到农村去，当然并不是说回到农村发展就不够好，主要是到外面发展可能会有更好的机会，收入也可能会更高，为家庭带来更多的经济来源。这种现象在农户外出务工时间和从事农业工作时间的调查中体现得非常明显。

第二，农业生产的基础条件脆弱，靠天吃饭的现象仍然明显。由于甘肃省特殊的地理环境和气候特征，导致大部分区域尤其是定西和陇东等地区常年干旱少雨，农作物种植业往往由于干旱等原因基本上是颗粒无收；农民赖以生存的基本收入来源得不到保障，通过发展农业资助贫困户脱贫的稳定性较差，返贫的概率较高。这些给整个帮扶工作带来较大的不确定性和复杂性，同时也是需要持续关注的问题。

第三，农民收入主要依靠种植业和养殖业，收入来源较为单一，存在较高的市场风险。从气候和地理位置方面来讲，甘肃省适合种植业发展的区域非常有限；即使多数地方在发展种植业，其产量往往比较低，甚至在旱灾年份颗粒无收。对于养殖业来说，主要以河西、临夏地区养羊和甘南、陇东地区养牛为主，缺少产业链延伸和深加工企业，同时由于信息不对称和缺少产品定价话语权往往会给农户带来"谷贱伤农"的效应。

第四，农产品的销售渠道比较传统，对电子商务等新业态、新模式的使用程度较低。甘肃省很多农产品比较有地方特色，但却没有全国的知名度。因此，在使用电子商务等新的营销渠道之前，需要做好特色农产品的宣传和包装，形成固定的品牌和一定的影响力。这不仅需要企业的投入，更需要政府的政策和平台支持。

第五，农村居民未婚比例较高，少数民族地区文化程度偏低。农村孩子"结婚难"的现象在甘肃省比较严重，尤其是经济越困难的地方，这个问题就越发突出；"结婚难"的问题在表面上看是经济问题，其实背后隐藏着重大的社会安全隐患，值得高度重视。而与这个问题叠加的是农村居民文化程度偏低，尤其是少数民族地区辍学率依然较高；虽然国家实行了九年义务教育，但对提高少数民族地区的文化程度并不显著。

针对甘肃省贫困面宽、连片贫困以及贫困固化等特点，虽然甘肃省采取双联惠农贷款等重要措施进行帮扶，同时也取得了一定的成效，但在扶贫效果的稳定性和显著性方面还存在着问题。为确保2020年与全国人民一起实现小康社会的奋斗目标，结合甘肃的实际情况，主要提出以下建议：

第一，扶贫先扶智，改变农村面貌的关键在于改变农民的思想观念。在甘肃省广大的农村，大部分农民的基本生活都得到了有效的保障；那么如何能够让大家过上更好的日子，不断提高生活质量就成了现在和未来需要关注的重点话题。需要强调的是，在科技发展日新月异的时代，如果农民仍然保持现有的保守和安逸的观念，未来不仅无法过上好日子，提高生活质量，反而可能会比现在更加艰难。因此，推进农村可持续发展和高质量发展的关键在于改变农民的思想观念。

第二，扩大贷款额度和用途，延长贷款使用期限。甘肃省农业生产主要以种植业和养殖业为主，由于种植业和养殖业有其自身的生产周期和资金周转时间，这不同于标准化的工业生产过程和生产特点。因此，对贫困户脱贫致富的资金支持途径应该是多种多样和灵活可变的,如果政府对贷款用途限制过死,增加政府干预的因素,不利于发挥农业生产经营的积极性,有时甚至会对农业发展起到抑制的作用。建议将贷款用途扩展至交通运输业、餐饮业、加工业、旅游业等多个可增加农户收入的行业和领域;同时根据不同产业的生产周期,贷款期限可延长至3~5年,以适应农户生产经营的需求。

第三,发挥政府宏观调控的优势,力争初级产品定价的话语权。实地调研发现,甘肃省大多数县(区)的农村居民通过养羊、养牛以及种植瓜果等脱贫致富,由于这些行业的产品都是初级产品,位于价值链的起点,在缺少深加工提高产品附加值的情况下,一旦出现供过于求的现象,初级产品的价格就会受到较大的打压,无形中会增加生产者的经营风险。因此,应从政府调控的层面,主动把握初级产品定价的话语权,稳定初级产品的价格避免出现较大的波动,为农村居民脱贫致富保驾护航。

第四,避免扶贫中的"空心化",构建稳定脱贫机制。目前采取的脱贫措施主要有政府贴息的银行贷款、财政补贴、财政救济等,通过这些资金鼓励有经营能力的农民发展生产和提高收入,同时对没有劳动能力的农民直接发放低保;但对于有劳动能力而没有经营能力的农民来讲往往得不到扶贫政策的恩惠,仍然处于扶贫的边缘。同时,在农村有两件事最为重要,分别是教育和看病,虽然农村实行九年义务教育和医保的全覆盖,但还不足以弥补上大学和大病给家庭所带来的沉重负担,因此增加农民的大学教育保险和提高医保的报销比例和报销范围显得非常重要。总之,要构建稳定的脱贫机制,需以政策的组合拳为依托。

第五,切实提高少数民族地区文化程度,大力提倡移风易俗的婚姻新风尚。少数民族地区文化程度的提高对于维护民族团结和地区稳定具有重要的现实意义,在精准扶贫的过程中,针对少数民族地区可以把提高学生的入学率和受教育时间作为其中的重要工作来抓。在农村因子女结婚返贫的现象时有发生,因此通过多种形式宣传和提倡简单、节俭、自由的结婚新风气,树立正面典型,传递正能量就显得非常有现实意义;建议可以将这项工作的实施和考核作为基层政府和村委会的日常工作进行开展。

本书内容由9章组成,所使用的数据均为调查数据,涉及甘肃省14个市(州)86个县(区),数据量非常大,感谢吴俊珺对第五章、第六章和第七章中原始数据的整理和分析,感谢李佳容对第四章中贫困识别方法资料的整理和总结。

囿于编者的水平和能力所限,疏漏之处在所难免,欢迎广大读者批评指正。

目 录

第一章 导论 ... 1
第一节 研究背景及意义 ... 1
一、研究背景 ... 1
二、研究意义 ... 3
第二节 国内外相关研究 ... 3
一、关于贫困内涵的研究 ... 3
二、关于贫困测度方法的研究 ... 6
第三节 研究思路与研究方法 ... 8
一、研究思路 ... 8
二、研究方法 ... 8
第四节 可能的创新与不足 ... 9
一、可能的创新 ... 9
二、不足之处 ... 9

第二章 贫困问题的基本理论 ... 10
第一节 贫困的内涵 ... 10
一、中国的传统解释 ... 10
二、绝对贫困与相对贫困 ... 11
三、主观贫困与客观贫困 ... 11
四、能力缺乏贫困 ... 12
五、贫困的一般特征 ... 12
第二节 贫困测算的基本方法 ... 13
一、相对贫困的计算方法 ... 13
二、绝对贫困的计算方法 ... 14

第三节 贫困内涵与测算方法的探讨 ……………………………… 17

第三章 农村居民生活质量评价指标体系研究 ……………………… 20
第一节 生活质量的内涵研究 ……………………………………… 20
一、国外相关研究 ……………………………………………… 20
二、国内相关研究 ……………………………………………… 22
第二节 生活质量评价指标体系研究 ……………………………… 23
一、国外相关研究 ……………………………………………… 23
二、国内相关研究 ……………………………………………… 25
三、国内外研究评述 …………………………………………… 27
第三节 农村居民生活质量评价指标体系的构建 ………………… 29
一、构建原则 …………………………………………………… 29
二、构建指标体系应遵循的理论 ……………………………… 30
三、农村居民生活质量指标体系 ……………………………… 31

第四章 基于生活质量视角的农村贫困识别模型构建 …………… 34
第一节 数据挖掘的基本理论 ……………………………………… 34
一、数据挖掘的内涵 …………………………………………… 34
二、学习的分类 ………………………………………………… 34
三、概念的研究角度 …………………………………………… 35
四、学习的方法 ………………………………………………… 35
第二节 贫困识别方法的比较 ……………………………………… 36
一、决策树模型 ………………………………………………… 36
二、随机森林模型 ……………………………………………… 38
三、逻辑回归模型 ……………………………………………… 40
四、人工神经网络模型 ………………………………………… 42
五、模型的评价与选择 ………………………………………… 44
第三节 基于人工神经网络算法的农村贫困识别模型 …………… 44
一、人工神经网络的基本原理 ………………………………… 44
二、农村居民生活质量人工神经网络模型的构建 …………… 46

第五章　普通农户生产生活特征研究 … 49
第一节　基本特征 … 49
　　一、性别比状况 … 49
　　二、婚姻状况 … 50
　　三、文化程度状况 … 52
　　四、农村在校学生占比情况 … 53
　　五、农户外出务工状况 … 54
　　六、从事农业生产天数状况 … 54
　　七、从事农业生产类型状况 … 55
　　八、接受农业技术培训状况 … 56
　　九、从事非农产业状况 … 57
　　十、空巢老人情况 … 58
第二节　生活特征分析 … 58
　　一、居住状况 … 58
　　二、信息化状况 … 61
第三节　生产特征分析 … 63
　　一、参加农业保险情况 … 63
　　二、经营牧草地情况 … 64
　　三、流转耕地用途 … 64
　　四、电子商务销售农产品状况 … 65
第四节　本章小结 … 65

第六章　规模农户生产生活特征研究 … 66
第一节　基本特征 … 66
　　一、性别比状况 … 66
　　二、婚姻状况 … 66
　　三、文化程度状况 … 70
　　四、农村在校学生比例情况 … 71
　　五、外出务工状况 … 71
　　六、从事农业生产天数状况 … 72
　　七、从事农业生产类型状况 … 72
　　八、接受农业技术培训状况 … 74

九、从事非农产业状况 …………………………………… 74
　　十、空巢老人情况 ………………………………………… 75
　第二节　生活特征分析 ………………………………………… 75
　　一、居住状况 ……………………………………………… 75
　　二、卫生状况 ……………………………………………… 80
　第三节　生产特征分析 ………………………………………… 81
　　一、畜牧业经营状况 ……………………………………… 81
　　二、空间异质性分析 ……………………………………… 84
　　三、土地流转状况 ………………………………………… 93
　　四、经营牧草地状况 ……………………………………… 95
　　五、农业经营单位 ………………………………………… 96
　第四节　本章小结 ……………………………………………… 100

第七章　普通农户与规模农户特征比较研究 ……………………… 101
　第一节　基本特征比较 ………………………………………… 101
　　一、婚姻状况存在差异 …………………………………… 101
　　二、文化程度几乎不存在差异 …………………………… 104
　　三、在学生在校比例等四个方面存在差异 ……………… 108
　　四、从事农业生产时长存在差异 ………………………… 110
　　五、从事种植业方面存在差异 …………………………… 111
　　六、规模农户务工比例低于普通农户 …………………… 114
　第二节　生活特征比较 ………………………………………… 115
　　一、居住状况 ……………………………………………… 116
　　二、生活用能状况 ………………………………………… 119
　第三节　生产特征比较 ………………………………………… 123
　　一、流转耕地用途 ………………………………………… 124
　　二、经营牧草地情况 ……………………………………… 125
　第四节　本章小结 ……………………………………………… 126

第八章　基于生活质量标准的甘肃农村贫困分布测算 …………… 127
　第一节　神经网络模型的训练和检验 ………………………… 127
　　一、神经网络模型的训练及检验结果 …………………… 127

  二、神经网络模型的预测特征 …………………………………… 130
 第二节 贫困人口分布的绝对数分析 ………………………………… 130
  一、相关概念解释 ………………………………………………… 130
  二、贫困人口分布的绝对数分析 ………………………………… 131
 第三节 贫困人口分布的相对数分析 ………………………………… 136
  一、相关概念解释 ………………………………………………… 136
  二、贫困人口分布的相对数分析 ………………………………… 136

第九章 结论与建议 …………………………………………………… 141
 第一节 结论 ……………………………………………………………… 141
  一、主要结论 ……………………………………………………… 141
  二、存在的问题 …………………………………………………… 142
 第二节 建议 ……………………………………………………………… 144

参考文献 ………………………………………………………………………… 146

第一章　导论

第一节　研究背景及意义

一、研究背景

贫困问题是著名的"三P"（Pollution——污染，Population——人口，Poverty——贫困）问题之一。随着科技的进步和物质财富的丰富，人类生活水平有了很大程度提高，但是，不管物质多么丰裕，科技多么发达，人类与贫困的斗争从没有停止过，专家学者对贫困问题的研究反而更加细微和深入。贫困问题的广泛存在是一个毋庸置疑的事实，对一个国家或一个社会而言，关注和研究贫困问题是社会救助和社会保障制度的基础，这关系到社会的稳定和发展。

消除贫困、实现全国人民共同富裕是社会主义的本质要求。改革开放以来，我国已经完成了《国家八七扶贫攻坚计划（1994—2000年）》和《中国农村扶贫开发纲要（2001—2010年）》中确定的扶贫工作任务并已取得了阶段性成果。农村贫困人口收入水平大幅度提高，农村基础设施不断完善，农村贫困人口温饱问题已经基本解决；但扶贫对象规模依然很大，制约贫困地区发展的矛盾仍然很多，扶贫开发工作面临着巨大的挑战。为此，中共中央、国务院为了加快贫困地区的全面发展，实现贫困人口的共同富裕，确保2020年全面建成小康社会的奋斗目标的顺利完成，制定了《中国农村扶贫开发纲要（2011—2020年）》，提出了要建立精准扶贫和精准脱贫工作机制。在全面建成小康社会决胜期，党的十九大报告明确指出，让贫困人口和贫困地区同全国一道进入全面小康社会是我们党的庄严承诺。2012—2016年，我国现行标准下的贫困人口由9899万人减少到4335万人，实现5564万人稳定脱贫，相当于一个中等国家的人口总数，贫困发生率从10.2%下降到4.5%下。2017年，全国已有28个贫困县顺利通过国家专项评估检查，退出了贫困县行列。这是1986年国家设定贫困县31年来，历史上第一次实现贫困县数量的净减少。这样的成就，也为全球减贫做出了突出贡献。联合国开发计划署 2015 年发布的《联合国千年发展目标》指出，中国在全球减贫中发挥了核心作用，对全球减贫的贡献率超过 70%。世界银行行长金墉表示，中国减贫的成就是人类历史上最伟大的历史事件之一，世界极端贫困人口从 40% 下降至现在的 10%，大多数的贡献来自中国，中国的减贫是具有历史意义的。

当前容易脱贫的已经解决得差不多了，剩下的大多是居住在自然条件差、经济基础弱、贫困程度深的贫困人口，脱贫的内生动力不足。从这个意义上讲，脱贫攻坚战越往后成本越高、难度越大、见效越慢，越需要非常之力、非常手段。脱贫攻坚战进入关键时期，时间紧，任务重，必须高度重视，全力以赴。在脱贫的瓶颈期，我国扶贫脱贫工作更要突出"精准"这一特点，首先要做到的就是使用更有效的方法精准识别贫困人口，进而才能更好地精确帮扶，减少贫困人口。现在的全国农村贫困监测系统，以抽样调查为基础，限于样本规模和调查经费的限制，只能提供全国和分省的贫困监测总体信息，却无法反映贫困人口在各县（区）和各乡（镇）的具体分布状况。因此，农村贫困监测的结果虽然可以为制定宏观政策提供有效的参考依据；但却并不能满足各级决策部门以县、乡、村甚至农户为具体实施对象制定扶贫政策和措施的需要，也无法满足各级管理部门及时了解各县、乡、村甚至农户贫困变化的需要。

如何及时、有效地获取详细可靠的县及县以下的相关贫困信息、帮助决策部门确定具体扶贫政策措施的实施对象，成为扶贫开发管理中迫切需要研究解决的难点问题。就此问题，国家统计局住户调查办公室组织课题组进行了专题研究。在他们最近完成的"贫困地图分省报告"项目中，将第二次农业普查数据与县级社会经济抽样调查数据相结合，充分利用普查信息覆盖全部农村区域的特点与抽样调查信息详细、深入的优势，采用世界银行开发的小区域估计技术，计算出分县的贫困人口规模、贫困发生率、基尼系数等反映贫困规模和贫困程度的核心指标，客观、准确、全面反映按县级的贫困状况；并将县级贫困信息用地图形式表示出来，从而为各级政府了解贫困人口的县域分布，并针对特定人群或特定区域制定扶贫开发政策、评估扶贫开发的效果，提供了可靠、直观的决策依据。但该研究也同样存在缺陷，主要表现在几个方面：一是该研究所绘制的贫困地图只反映了普查年份的贫困人口的县域分布情况；二是该研究使用的方法无法应用于非普查年份贫困人口县域分布的研究；三是该研究也无法反映县及县以下贫困人口的动态变化情况。

二、研究意义

理论意义：作为脱贫工作实施的重要基础，区域贫困的精准识别与瞄准尤为重要，尽管联合国开发计划署（UNDP）提出的多维贫困指数（MPI）是当前国际社会公认的衡量人类发展被剥夺状况的新标准；但其测算方法本身存在争议，且在引入国内具体区域应用过程中，因为区域特征差异及数据可获得性的影响，在指标选择、等权重赋值等方面受到学者的质疑与诟病。因此，创新贫困识别指标和方法成为当前值得重点研究的问题。

现实意义：全面建成小康社会，最艰巨的任务是脱贫攻坚，最突出的短板在于农村还有1660万贫困人口（2018年末）。如何实现全面建成小康社会的奋斗目标，关键在于农村贫困人口如何全部脱贫。如何实现农村贫困人口全部脱贫，关键在于如何准确识别贫困家庭、了解贫困家庭的经济行为特征，并在此基础上进行精准扶贫。如何准确识别贫困家庭、了解贫困家庭的经济行为特征，关键在于探寻科学、合理的农村贫困测度方法。

因此，研究建立一套能够根据贫困标准的调整、扶贫开发政策措施的实施，及时反映县及县以下农村贫困人口分布的动态变化情况的科学调查方法具有重要的理论意义和现实意义。

第二节　国内外相关研究

因为贫困问题对任何国家和地区来说，都是一个关乎人民福祉、社会稳定和国家发展的关键问题，所以对贫困问题的研究显得至关重要。但研究贫困问题面临着两个难点：一是有关贫困的相关理论研究；二是很多统计和研究人员对贫困指标的具体测度和估计方法又很难掌握。关于前者，自阿玛蒂亚·森（Sen，1976）以来，关于贫困的理论已经逐渐成熟，后来的学者又针对贫困问题提出了很多有见地的观点；而对贫困指标的测度和估计关系到人们对贫困问题的了解程度。现有关于农村贫困的测度问题研究主要表现为两个方面：一是贫困内涵的研究；二是贫困测度方法的研究。

一、关于贫困内涵的研究

研究贫困的相关学者对贫困的概念、内涵以及界定进入了长期的深刻探讨，从不同角度对贫困进行解剖分析和认识理解，并且取得了长足的进步和发展。朗特里（S. Rowntree, 1901）对英国贫困进行了开创性的研究，他明确提出了绝对贫困概念：一个家庭处于贫困状态是因为其所拥有的收入不足以维持其生理功能的最低需要，这种最低需要包括食品、住房、衣着和其他必需品。朗特里估计了一个最低生活支出，即贫困线，然后按照这一贫困线估计出贫困人口数量和比例；他根据家计调查定义了绝对贫困概念并将其量化，为此后的贫困计量研究奠定了基础。朗西曼（G. Runciman, 1966）较早地把相对剥夺（Relative Deprivation）运用于贫困分析中，这是相对贫困概念提出的理论基础；相对剥夺可以理解为虽然人们的收入能满足其基本的生活需要，但是不足以达到社会的平均生活水准，仅能维持低于平均生活水平的状况。福克斯（V. Fuchs, 1967）是最早明确提出相对贫困概念和首次使用相对贫困线的研究者；他使用相对贫困估计了美国的贫困人口，把贫困线确定为全国人口收入分布的中值的50%，这种确定相对贫困线的方法为后来学者所沿用。阿玛蒂亚·森（Sen, 1985）最早从"能力""功能""权利"等角度来讨论贫困问题，他指出，一方面，不能把贫困仅仅看成是收入缺乏或消费水平低下，贫困的实质是人们缺乏改变其生存状况、抵御各种生产或生活风险、抓住经济机会和获取经济收益的"能力"，或者其能力"被剥夺"了；另一方面，现代社会的贫困往往是与收入分配不平等相伴随的，即贫困人口无法平等地获取或接触到许多产品和服务（尤其是公共品），不具备把这些产品转化成效用的"功能"或"权利"。雷诺兹（Reynolds, 1993）把贫困定义为美国许多家庭没有足够的收入可以使之有起码的生活水准，他认为向穷人提供能够生存下去的生活必需品——"先算出维持基本生理功能所需要的营养量，然后将这些营养量转换为食物及数量，再根据其市价算出相等的金额"，这也就是所谓的"绝对贫困"的主张。霍尔曼（Holman, 1978）认为贫穷属于那些无法满足对"生活必需品"的需求的人群，以达到"生理效率"收入这一分界线来界定贫穷人群和非贫穷人群。西奥多·舒尔茨（Schults, 1991）把贫困和不平等联系起来，他指出：贫困是在特定环境中出现的一个复杂的经济社会现象，现在存在的大多数贫困问题是由经济不平等造成的。罗伯特·坎勃（Chamber, 1995）对贫困人口的无助和孤立方面进行了开创性研究，激发了经济学家们对于脆弱性和风险防范等方面的兴趣，也因此为贫困概念增加了新的内涵；他认为贫困不仅仅是收入和支出水平低下，也是人的发展能力低下，不仅包括教育、健康和营养等，而且还包括脆弱性、无话语权和无权无势等。哈努曼（Haveman, 1998）提出了净收入能力贫困（Netearnings-capacitypoverty, NEC）的概念；根据他的定义，NEC是指在充分利用其成年人的智力和体力资本后，仍然不能获得等于或大于贫困线的净年收入流。这种贫困定义所导出的政策取向是：采取各种措施消除贫困者就业的外部限制，确保贫困户中有工作能力成员的就业机会；通过教育、培训等途径帮助贫困者提高获取收入的能力，而不是简单地通过分发食品票等形式保障贫困户的基本食品需要；要提高贫困者脱贫的能力，调动其脱贫的积极性，而非使他们被动地依赖外界的援助来维持低水平的生活。马丁·瑞沃林（Martin Rivolin，2005）认为绝对贫困不仅仅是满足最低限度的生活需要，还包括基于整个贫困比较领域而产生的更高的生活需要；显然，最低限度的基本需要是参考食物能量摄入估计的食物支出，在此基础上估计非食物额度所占的份额。

国内有许多学者一直都很关注贫困问题，结合我国国情，他们对我国存在的贫困问题进行了理论上和实践上的研究。以下是我国学者提出的具有代表性的贫困定义。国家统计局（1990）给出了贫困的定义："贫困一般是指物质生活困难，即一个人或一个家庭的生活水平达不到一种社会可接受的最低标准。他们缺乏某些必要的生活资料和服务，生活处于困难境地。"童星和林闽钢（1994）结合我国农户的生活现状，把贫困定义为：贫困是经济、社会、文化落后的总称，是由低收入造成的缺乏生活所需的基本物质和服务以及没有发展的机会和手段这样一种生活状况。根据贫困的程度，可分为绝对贫困和相对贫困。绝对贫困泛指基本生活没有保证，温饱没有解决，简单再生产不能维持或难以维持。如果温饱基本解决，简单再生产能够维持，但低于社会公认的基本生活水平，缺乏扩大再生产的能力或能力很弱，则属于相对贫困。康晓光（1995）认为贫困是一种生存状态，处在这种状态下，贫困者根本无法通过合法的渠道来获得基本的生存条件，根本没有机会参与社会活动，是一种生理和精神上都达不到社会可以接受的水准。李实（2002）通过综合考虑收入标准和消费标准，把中国城镇贫困分为三种类型，即持久性贫困、暂时性贫困和选择性贫困；他认为在贫困人口中，有一大部分是属于选择性贫困，即他们的收入高于贫困线而消费低于贫困线。同时还对贫困户的消费函数进行了估计，其结果显示收入的效应、人们防备外部环境不确定性的心理、人们为将来投资而进行储蓄的行为、家庭对子女教育和医疗服务的特别需要几个因素对贫困状况产生重要的影响。都阳和蔡昉（2005）认为中国农村贫困的性质已经发生了根本性的转变，贫困分布由区域的、整体性的贫困逐渐过渡到个体性贫困，贫困人口的构成也以边缘化人口为主要组成部分。扶贫政策需要进行战略性的调整，需要从瞄准区域的政策向瞄准个体的政策转化，在这一过程中，建立和完善农村的社会保障体系尤其重要。

联合国《1997人类发展报告》提出使用人类贫困指数来考察贫困问题，它分为HPI-1和HPI-2。HPI-1是衡量发展中国家的，由寿命、知识水平和体面的生活标准三个指标构成；HPI-2是衡量发达国家的，由寿命、知识水平、体面的生活标准和社会排斥四个方面组成。2010年UNDP发布的多维贫困指数又对贫困的定义从一维上升到了多维的角度，更加丰富了贫困的内涵。从三个不同的维度叠加了家庭层面上的贫困剥夺程度，体现了受剥夺的贫困人口平均数量以及贫困家庭中所遭受的剥夺维度。

二、关于贫困测度方法的研究

对贫困含义进行深入研究的过程中，必须考虑如何对贫困进行度量和测度，因为我们对贫困含义进行研究的目的就是为了消除贫困。消除贫困的首要任务就是确定贫困对象，这就需要我们对贫困进行度量，来区分哪些属于贫困群体。

度量贫困第一步就是对贫困进行识别和划分，其中最为普遍和常用的就是确定一条贫困线。对农村贫困线的研究意义重大，只有合理科学地确定出农村贫困线，才能更加清晰地界定农村贫困，识别出农村贫困群体，进而了解他们的构成特征，才能找出他们贫困的原因和根源，这样才能有目的地对贫困人口进行帮助；只有确定科学合理的农村贫困线才能测算不同地区的贫困发生率、贫困缺口率、平方贫困缺口率等一系列的贫困指数，才能更有效地监控贫困，才能有利于政府展开一系列的扶贫政策。

马丁·瑞沃林（Martin Ravallion，2005）在《贫困的比较》一书中将贫困线这样定义："贫困的度量通常假定存在预定明确的生活标准的水平线——'贫困线'——一个人被认为不贫困必须达到这一水平"。为了准确测量这条贫困线最早的是朗特里（1901）提出的市场菜篮子法，之后陆续出现了奥山斯基（Orshansky，1965）提出的恩格尔系数法、国际经济合作组织规定的国际贫困标准法、马丁法以及生活形态法等。这些都是单一的贫困线测定方法，为了使得测度更加多元化、研究更加深入，福斯特（Foster，1984）构建了一种混合的贫困线模型，它可以随着我们的研究需要来形成合理的贫困线；唐钧（1997）借鉴此方法构造出来了生存线、温饱线和脱贫线来定义不同的贫困人群，同时童星和林闽钢（1994）也使用三条贫困线将贫困人群按照不同贫困程度进行划分，这三条线分别为特困线（活命线）、温饱线（贫穷线）、发展线（脱贫线）。吴碧英（2004）则给贫困线做了这样的定义："所谓贫困线，是指为了度量贫困而制定的针对最起码的生存条件或相对社会中等生活水平的差距所作的定量化界定。"

这也是我国目前所实施的最低生活保障制度的最低生活保障标准。

度量贫困第二步就是需要对贫困进行加总。也就是按照一种排序方式将不同的贫困者的收入向量进行一种排序，再按照某种函数形式将这些收入向量转化为数字，这些数字指标表示的就是总体贫困。对总体贫困的测量有很多指标，比如从贫困广度来反映的贫困人口的比率，即收入低于这个贫困线的人口数占总人口数的比值。这一指标体现了贫困的发生率是多少，但是没有体现贫困者的贫困程度是如何，并且如果一个贫困者由于种种原因变得更加贫困时，这个指标也是体现不出来的；所以它仅仅是从贫困广度来分析的，对贫困的深度和分配的信息缺失。这样就出现一个问题：从贫困深度来反映的指标是收入缺口比率，即所有贫困人口收入缺口的平均值，但是它对贫困人群的贫困分布情况反映不深刻（洪兴建，2005）。另外就是利用反映贫困强度的不平等指数来度量相对贫困，这些不平等指数包括基尼系数、洛伦兹曲线、变异系数等。在这些单一的贫困加总方法之后，阿玛蒂亚·森提出了森指数，它是从公理化方法设定一个从贫困广度、深度和强度三个方面来度量贫困的综合性指标。Shorrocks（1982）和 Sen（1981）提出了 SST 指标，它是对森指数进行的改进，满足了更多的公理，并且取值范围为 [0，1]。森指数及 SST 贫困指标缺点是不具有加法的可分性，满足不了对各个群体的贫困进行加总的需求。为了克服上述的不足，Foster、Greer 和 Thorbecke（1984）提出了 FGT 贫困指标。但是同样地它也有两个缺点：一个是指标越来越多，综合程度越高，对于含义的解释就会越来越不清晰；另一个是在贫困水平、贫困深度和贫困强度三个维度的度量中还是侧重于贫困人群的平均贫困水平。

度贫困第三步就是多维贫困测度。上述内容大都只是从收入水平这一维度去刻画和度量贫困，实际生活中贫困还包括健康、教育、预期寿命、性别和种族平等多方面的内容，也就是说贫困实际上是一个多维的概念。因而，尝试从多维的视角去测度贫困有助于人们对贫困本质属性的更好认识。构造多维贫困指数的方法大致有以下几种：基于信息理论的方法（Lugo，2009）、公理化方法（Bourguignon，2003）、克服贫困线界定中随意性的模糊集方法（Cheli，1995）、投入产出效率方法（Ramos，2005）、"双界线"方法（Alkire，2011）及主成分分析、多元对应分析等统计方法。其中，"双界线"方法得到较多应用，它首先选择每个维度的贫困线以确定个体在各个维度下的贫困状况，然后选择维度贫困的临界值，将一个或多个维度处于贫困状态的个体确定为贫困者。在中国，目前采用多维度方法对贫困状况进行测度的研究还不多，并且选用的维度和数据比较有限。尚卫平、姚智谋（2005）就多维贫困测度方法进行初步探讨，陈立中

（2008）仅采用单一年份的省级宏观数据，王小林等（2009）则仅利用中国健康与营养调查2006年的数据对中国多维贫困进行了测量，并赋予选用的指标以相等的权重，因而都难以反映中国多维贫困的动态变化。

第三节 研究思路与研究方法

一、研究思路

不论是贫困线测度问题研究还是贫困程度测度问题研究，所基于的视角都是居民收入，即根据居民收入测度贫困线和贫困程度。在全面建设小康社会的背景下，仅借助居民收入来测度贫困问题有失全面性和现实性。同时由于所使用的居民收入数据多来源于统计年鉴，比较偏重于宏观性，因此测度结果难以反映贫困家庭的具体经济行为特征，对于识别贫困家庭的可行性微乎其微。

基于此，本书依据全面建设小康社会的目标和内涵，在研究视角上选择生活质量而非传统的居民收入作为农村贫困测度的研究切入点，在数据使用上选择农村入户抽样调查资料而非统计年鉴的宏观数据，在测算方法上选择人工神经网络模型而非综合指标的计算方法。本书通过构建农村居民生活质量评价指标体系，设定基于生活质量的农村贫困标准，构建农村贫困测度神经网络模型，测算在基本贫困标准、扶贫标准、稳定脱贫标准等不同贫困标准下甘肃省各县区农村贫困人口的数量、贫困人口分布、贫困发生率等重要问题。

二、研究方法

数据挖掘技术是对一组数据应用一种数据挖掘策略，而一个特定的数据挖掘技术是由一个算法和一个相关的知识结构组成的。数据挖掘技术主要包括决策树、产生式规则、神经网络和统计回归等方法；其中决策树和产生式规则虽然形式不同，但两者可以相互转换，而且适用于输入属性较少的情况，统计回归适用于一个或多个输入属性与一个数值型输出属性的情况，主要用于研究因果关系的问题。因此通过对不同数据挖掘方法进行比较，并根据农村居民生活质量评价指标体系的特点，本书主要选择人工神经网络的数据挖掘方法对农村贫困问题进行研究。通过运用人工神经网络从多维的角度对农村贫困户的经济行为和特征进行识别，从而完善对农村贫困衡量的全面性，体现全面建设小康社会的内在要求。

第四节　可能的创新与不足

一、可能的创新

1. 对贫困理论的发展。现有关于贫困内涵的研究主要是从居民收入角度进行界定，由于贫困是一种复杂的社会经济现象，因此仅从某个角度出发进行研究难免有片面性；本书从生活质量的角度出发去界定贫困，无疑增加了观察和了解贫困的视角，完善了对贫困内涵和贫困特征的认识，这为客观、准确测算贫困奠定了基础。

2. 对贫困测度方法的丰富和完善。现有贫困测度方法对于贫困测算的特点表现为两个方面：一是大多数监测方法无法及时反映贫困标准的动态变化，因此不能够准确反映贫困人口的动态变化；二是大多数监测方法的测算结果较为宏观，即仅能测算出某一区域的贫困状况，但由于没有给出贫困的具体特征，因此无法识别和测算农村住户家庭的贫困状态，反向传播人工神经网络算法为解决这个问题提供了技术支持。

3. 对贫困实践的拓展。现有贫困的实证分析所使用的居民收入数据多来源于统计年鉴，比较偏重于宏观性。本书通过构建农村贫困测度人工神经网络模型，测算在基本贫困标准、扶贫标准、稳定脱贫标准等不同贫困标准下甘肃省各县区农村贫困人口的数量、贫困人口分布、贫困发生率等。研究表明，甘肃省农村贫困呈现集中连片固化的特征，河东地区和陇南地区不仅农村贫困人口多，而且贫困面宽，潜在贫困人口数量大，返贫概率高，实现稳定脱贫的难度大。

二、不足之处

贫困问题具有高度的复杂性和动态性，本书从生活质量的视角测度农村贫困问题，无疑进一步增加了这方面的难度。本书在论述中提出了基本贫困标准、扶贫标准、稳定脱贫标准，这些标准的确定虽然结合了甘肃省目前农村的实际情况，但仍然具有一定的主观性；同时如何保证随着社会经济的进步动态地调整这些标准，也是必须考虑的问题。

第二章 贫困问题的基本理论

规范的贫困问题研究，是以下面的三个层次的研究内容为基本前提：首先对贫困有一个清晰的概念或定义；其次要有一个划分贫困户或贫困人口的标准，将贫困人口与非贫困人口加以区分；最后对贫困的总体状况加以测量。第一个层次要回答"什么是贫困"的问题；第二个层次要回答"谁是贫困"的问题，这两个问题都会影响并关系到贫困标准即贫困线如何确定。第三个层次涉及如何根据个体的贫困信息推断出全社会的贫困人口总体状态，也就是贫困的测算问题。

第一节 贫困的内涵

国内外研究学者对贫困的概念进行了探讨，从不同角度深化了对贫困问题的认识，主要包括绝对贫困和相对贫困的概念，客观贫困和主观贫困的概念以及与收入或消费贫困相对应的能力缺乏贫困的概念。

一、中国的传统解释

我国古代汉语中关于"穷""贫""困"的解释主要是指处于财货匮乏的状况。"贫，财分少也。"（《说文》释义）。《广韵真韵》曰："贫，乏也，少也。"《广雅释诂四》如此解释"穷"和"困"："穷，贫也""困，穷也"。可见，"贫""困"和"穷"含义大体相同，都是指缺乏财物。但困的另一个含义是指处于困境，也就是处于艰难窘迫或无法摆脱的境地。"贫"与"穷"二者之间又有量或度方面的差别。"大体贫穷相类，细言穷困于贫，贫者家少财货，穷谓全无家业"（《左传·昭公·昭公十四年》）。《荀子大略》言："多有之者富，少有之者为贫，至无有者为穷。"，这个论述阐明了物质上贫与富的相对性和可度量性。英国古典经济学家亚当·斯密的关于贫与富的定义要比荀子晚许多年。"食不果腹，衣不蔽体，房不避雨"，这同样是对贫困的一种传统解释（孙小平，2012）。

二、绝对贫困与相对贫困

绝对贫困的概念最早是由英国学者朗特里提出的,他在1901年出版的《贫困:城镇生活的研究》一书中明确提出了绝对贫困的概念。按照他的贫困定义:一个家庭处于贫困状态是因为它所拥有的收入不足以维持其生理上的最低需要。从这一定义出发,人们自然会想到两个问题:什么是最低生理上的需要?如何确定一个家庭的收入是否能够维持其家庭成员生理上的需要?如果这两个问题解决了,贫困家庭和贫困人口就可以识别,从而得到社会的贫困规模。

由于绝对贫困概念的确立与一定的社会背景和经济发展水平相联系,也就具有一定的相对性,因此,在20世纪六七十年代提出了相对贫困的概念。最早提出相对贫困的是美国斯坦福大学经济学教授福克斯(V. Fuchs, 1967),他也是最早使用相对贫困线的学者。在对美国的贫困进行估计时将贫困线确定为全国人口收入分布的中值的50%。这种设定贫困线的方法基本上被后来的学者所沿用,所不同的是有人使用的是均值而不是中值,有时使用中值(或均值)的40%。尽管如此,这些贫困线基于的相对贫困的概念是一致的,即贫困是相对的,是一种不同人之间的相对收入或生活水平的相对比较。

三、主观贫困与客观贫困

上述的绝对贫困和相对贫困仅仅是研究者的探讨,并没有研究对象的主体感知参与其中,所以又可以称为客观贫困;相对地,家庭或个人自我认定的一种生存状态,家庭或个人在判断是否处于贫困状态时不免会带有个人的主观色彩,因而依据个人主观判断而认定的贫困称为主观贫困。

主观贫困的确定有赖于公众对贫困的判断。在抽样调查表中让被调查户回答有关维持最低生活水平所需要的收入额或消费支出额,从而可以得到每户维持最低生活水平所需要的收入额(韩风磊,2011)。然而,这里得到的数值是一种主观评价值,会受到一系列因素的影响。不同收入层级的人对此的感受不同,收入越高的家庭把最低生活水平理解得越高;而对于实际收入较低的家庭来说,会出现相反的情况。这就意味着,从主观贫困衡量,是与消费者主观感受密切相关的。一方面,收入的高低局限了支出;另一方面,住户对可能享有的支出也会有自己的主观认知。鉴于最低生活水平与实际收入之间的关系,可以得到二者的表达式:

$$Y_{\min} = \alpha_0 + \alpha_1 Y$$

该式表明实际收入越高的家庭给出的最低收入水平也就越高；然而，主观贫困的支出贫困线不仅仅受到收入的影响。

四、能力缺乏贫困

能力缺乏贫困是由经济学家阿玛蒂亚·森（Sen，2001）提出的，他认为，各种贫困概念都是与个人或家庭的收入或消费联系在一起的，而且判断贫困的标准也是观察其收入或消费是否达到某一临界点的标准。阿玛蒂亚·森认为衡量贫困的标准应该是个人福祉高低，而福祉高低不能简单地用收入来衡量。森认为个人的福祉是以能力为保障的，而贫困的原因就是能力的匮乏，而能力是由一系列功能构成的，包括免于饥饿的功能、免于疾病的功能、享受教育的功能等。这些功能的丧失既是贫困的表现，又是贫困产生的原因。作为一个社会人，应该具备的基本功能包括获得足够的营养、基本的医疗条件、基本的住房条件、一定的受教育机会、必备的其他消费用品、防止婴幼儿夭折等。如果一个家庭或个人缺少这些功能或者其中的一项功能，那就意味着处于一种贫困状态。

五、贫困的一般特征

由以上关于贫困含义的阐释可以看出贫困具有以下特征：

1. 贫困是一个地域性的、历史性的、动态性的概念，它随着时间的推移和空间的变化以及人们思想观念的变化而变化。在不同的地域和国家，生产力发展水平有差异，社会经济发展水平不同，贫困的表现形式和产生原因也会不同。同一地域和国家在不同的历史发展阶段，人们对最低生活水平的理解有所不同，对贫困的界定当然也会相应调整。所以，无论是从横向还是纵向的角度，贫困都不是一成不变的。

2. 从贫困的形成原因和表现形式来看，贫困又具有多元性的特征。除了收入水平可以用来反映贫困之外，其他影响生活质量的一些指标，如教育水平、健康状况、卫生条件、饮用水是否缺乏、死亡率等都可以用来反映贫困。它包括社会、经济、文化以及精神和肉体的各个方面。随着社会的进步和发展，贫困的多元化特征也越来越明显。

3. 从对贫困的界定来看，对贫困的衡量标准具有普遍性和社会性。低于"最起码"的生活水平，这种"最起码"是得到了社会的广泛认可的（孙小平，2012）。

第二节 贫困测算的基本方法

贫困标准，在量化研究中通常也称为贫困线。贫困线是划分贫困与非贫困群体的量化标准，它是衡量个人或家庭是否处于贫困状态的数量界限。

在具体操作中，贫困线的定位是比较困难的，通常采用一个或几个与贫困高度相关，同时又可观测、又可比较的社会经济指标来表示贫困的程度。贫困是一个历史范畴，不同的历史时期对所谓的最低标准有不同的认识。同时，贫困也存在区域差异性，不同的国家或地区因经济实力不同、生活水平和风俗习惯的差异，贫困的标准也不同。国内外研究普遍认为大多数贫困人口应属于相对贫困，但仍有少数属于绝对贫困人口。目前国际上定义的贫困线可以分为相对贫困线和绝对贫困线两种，常见的最低生活保障线测算方法有以下几种。

一、相对贫困的计算方法

相对贫困线是用来确定相对贫困（指相对一定社会的中等生活水平而言的贫困）的收入标准。相对贫困线计算方法主要有两种：

1. 收入比例法。比例法有两种形式：一是收入等分比例法，这种方法首先把居民按收入多少分成几个（通常是5个或10个）等份，并确定总人口中贫困人口所占比重（通常为5%或10%），得到最低收入家庭贫困线；二是平均收入比例法，这种方法以一个国家或地区居民收入平均水平的一定比例作为这个国家或地区的贫困线。如经济合作与发展组织提出：以一个国家或地区社会中位收入或平均收入的50%~60%作为这个国家或地区的贫困线，亦即最低生活保障线。收入比例法有以下优点：贫困线简单明了，只要知道社会平均收入或社会中位收入，乘以50%或60%，就可以求得贫困线。收入比例法贫困线可以使受助者得到的救助金额与社会上大多数人的收入同步增长，分享经济社会发展成果；简单易行，并且反映了一定的相对贫困与地区差异（刘建平，2003）。这种方法也一直存在以下争议：因为收入比例贫困线是根据发达国家的统计数据和贫困状况制定的，发展中国家如果机械地套用其既定的比例就会脱离实际，对社会救助或最低生活保障线制度带来不利影响（吴国宝，1995）。收入比例法只考虑到收入水平而没有考虑到个人的具体需求，所以只是粗略地估计贫困状态，计算的贫困线是不准确的。

2. 国际贫困标准法。这种方法也是把最低生活保障线看成是相对的，在划分时依据相对的标准，最早由国际经济合作与发展组织（OECD）提出。具体计算方法是根据一个国家或地区的全体居民中位收入或平均收入的50%定义为最低生活保障线，目的是使受助者得到的救助金额与社会上大多数人的收入同步增长，分享经济、社会发展成果。这种方法虽然简单易行，能够反映一定的贫困相对性，但以中位或平均收入的50%来确定尚未有确切的论证，且没有从需求的角度考虑，划定的贫困线往往较高（周常春等，2014）。

3. 社会指标法。社会指标法是通过计算群体成员的剥夺程度来计算相对贫困线，所以这种方法首先需要计算群体成员的剥夺程度，也就是群体成员的资源低于群体认可资源量的程度。群体某一成员的剥夺具有多面性，所以需要选择指标反映群体成员不同方面的剥夺。一般情况下，只有被大多数群体成员认为必需品的物品才能作为剥夺指标；计算出所有群体成员的剥夺程度之后，就可以根据它计算相对贫困线。计算相对贫困线的理论依据是收入与剥夺程度之间的关系——当收入低于一定程度时，群体成员的剥夺程度会与收入不成比例地增加（剥夺程度增加幅度大于收入的增加幅度）。在实践中一般使用方差分析和回归模型来确定相对贫困线（赵璐，2015）。

4. 数学模型法。又称扩展线性支出系统法，这种方法是利用大量统计数据，由收入指标与食品、衣着、日用品等八大类支出建立一个扩展的线性支出系统模型，导出居民基本生活需求，以此确定贫困线。缺点是计算过程比较复杂，其中非生活必需品纳入贫困消费，估计值偏高，仅有理论意义，难以实际操作。与其他测度贫困线的方法相比，基于数学模型测度贫困线具有以下优点：一是考虑了个人消费的多样性，避免了其他方法对绝对必需品和非绝对必需品的主观划分，将消费品分为几个大类，包括了几乎所有的消费需求；二是数据容易获取，直接采用统计年鉴的数据并能保持数据的一致性；三是在实际操作上，在大类商品价格难以确定的情况下，模型回避了直接采用商品大类价格，只与收入和该类商品的消费支出有关；四是计算方法科学，不易受人为主观因素的影响，一旦建立一个计算系统，对于编制人员来说就十分方便（张艳涛等，2007）。

二、绝对贫困的计算方法

绝对贫困线是用来确定绝对贫困（指在一定的社会生产方式和生活方式下，人们生存的最低需要得不到满足，温饱问题不能解决，简单再生产不能维持或难以维持）的收入标准。绝对贫困线有三个基本特征：第一，水平平等，即贫困线必须依据个体生活环境作出调整，以能够反映出贫困所具有的相对性的特征，并且在实际中，其计算方法将不同个体间的平等对待；第二，必须了解什么是影响个体环境的主要因素，如年龄、性别、种族或者气候等；第三，一致性，即实际贫困线不会因为时间和地域的改变而改变。绝对贫困线的计算方法主要有以下几种：

1. 恩格尔系数法。它是根据人们消费生活必需品的绝对水平来确定贫困的。这种方法以恩格尔系数和恩格尔定律为理论基础：首先计算不同收入水平的恩格尔系数，即

$$恩格尔系数 = \frac{饮食支出}{收入}$$

一般设定恩格尔系数达到50%~60%则处于贫困状态，然后根据满足人们生活需求的最低营养摄取量标准，及各地的饮食风俗习惯确定食品消费项目和数量，计算出最低食品支出，用它除以最低收入水平的恩格尔系数，即为绝对贫困线。该方法操作比较简便、能反映一定的地区差异。但缺点在于所反映的为绝对贫困，忽略了生存需求外的基本生活需求，往往测算出的贫困线偏低。

2. 市场菜篮法。又称为标准预算法，该方法是依据统计调查，由居民选择生活必需品，以当地当时的市场价格计算出总金额作为贫困线。该方法其优点是贴近居民实际生活，同时以各地的物价计算，反映了不同地区的实际支出情况。但由于市场菜篮子里的物品由居民决定，所以对放入哪种物品、放入多少很难达到统一意见，而且调查周期长、成本较高（唐运舒，2009）。

3. 马丁法。世界银行贫困问题专家马丁·雷布林提出了一种计算最低生活保障线的方法，马丁法认为：最低生活保障线=食品支出+基本非食品支出。食品支出即达到一定的营养需要所必需的营养支出；基本非食品支出就是一个人自愿放弃基本的食物需要而必要的其他支出。非食品贫困线的测度要难一些，非食品贫困线分为高低两条线：一条线是指刚刚达到食品营养要求但没有这样做的居民的非食品商品需求，即刚刚达到食品营养需求的居民愿意放弃多少食品需求用来满足非食品的需求，称为下界；另一条线是指刚刚达到食品线的居民的非食品需求，称为上界。

但马丁法非食物线的计算存在很大争议，因为此方法很难给出个公认的贫困标准。在实际操作中，哪一条算高贫困线，哪一条算低贫困线很难给出一致的看法，而且在关于如何确定那部分刚刚达到所谓食物线的人是比较困难的（高云虹，2012）。另外，此方法需要大量的住户调查资料数据，只有针对开展住户调查的地区才能使用，数据的取得困难，调查费用也相当高，因此使用此方法测度贫困线具有一定的局限性。

4. 生活形态法。生活形态法（Life Style Method）首先从人们的生活方式、消费行为等"生活形态"入手，提出一系列有关贫困家庭生活形态的问题，让被调查者回答；然后选择出若干"剥夺指标"，再根据这些剥夺指标和被调查者的实际生活状况计算出"贫困门槛"，从而确定哪些人属于贫困者；最后再来分析他们（被剥夺）的需求以及消费和收入来求出贫困线（P. Townsend, 1979）。生活形态法的优点是：生活形态法沟通和融合了主观和客观的评价，从社会大众的主观评价中得出客观存在的贫困家庭的生活形态（包括生活方式、消费类型等），使贫困的定义和度量不再被静态地看成是特定人群的特有现象；生活形态法使贫困的定义和度量不再局限于"生活必需品"这样一个狭小的范围，而是扩大到与此相关的不同领域，不但涵盖了物质方面，也包括了社会方面的需求；使定义和度量贫困的考虑趋于多元化，避免了以偏概全。通过生活形态的调查还可以扩大整个社会对贫困认识的视角，从而为解决包含相对静态的绝对贫困问题在内的、动态的相对贫困问题开辟一条新的思路（刘福成，1998）。

关于生活形态法也一直存在以下争议：生活形态法的"客观的社会观察"受到质疑，在具体的调查中，因为生活方式比较抽象；虽然每一个人都能体验到，但要被调查者清楚地、具体地表达出来却并不容易。虽然生活方式可以反映一个家庭的收入或拥有资源的多少，但生活方式与收入或资源有没有直接的联系是不能一概而论的，有一些人的生活习惯并不会随收入的增减而发生变化。上述绝对贫困线和相对贫困线的测算方法，为确定最低生活保障线提供了理论测算的思路，但也存在着具体操作上的困难。

我国学者也对现有的贫困线测定方法进行了改进和调整。申付亮、朱红菠（2010）认为，测度农村贫困线时应考虑不同地区间的物价水平差异，不应采用全国一条线，所以他们利用购买力平价的思想，通过研究各地区的物价水平，进而测算各个地区农村贫困线，但购买力平价指数总是存在着一些缺陷，因而测算出的贫困线也存在着偏误。李博（2008）也曾对现有的贫困线测定方法进行过系统的梳理和评价，他介绍了很多有关确定贫困线的方法，结果发现对贫困线的研究变得越来越复杂和细致，从依靠食物比例、最低营养需求标准来建立绝对贫困线开始，直到利用社会指标或主观方法来确定贫困线；虽然无论是在理论上还是在方法上都取得了很大进步，但是对各种方法而言，不论是在理论上还是在经验研究的层面上都存在着缺陷。杨立雄（2010）则认为马丁法在数据的可获得性、可操作性、理论的完备性等方面都具有优势，而且与最低生活保障的目标一致，因此应该是最低生活保障标准计算方法的最优选择。张全红（2010）则运用马丁法测算了近年来中国农村的贫困线,结合中国官方贫困线,分别测算了农村贫困状况,结果表明农村贫困线要比官方公布的低收入线还要高出一倍,贫困人口也要多得多。朱晶、王军英(2010)通过研究表明,对比农村居民消费价格指数对贫困线进行调整的方法,农村低收入阶层消费价格指数更能够反映农村贫困居民的实际消费结构,更能反映农村贫困人口的总体价格水平变化;所以利用农村低收入阶层消费价格指数进行贫困线的更新能更加准确地测度贫困人口受物价水平变动的实际影响,能够减小对贫困线调整过程中产生的误差进而减小贫困度量的误差。

由此可见,前面提到的多种贫困线的测度方法,无论是理论基础,还是测算依据和可操作性等方面都有各自的优点;但与此同时,又都具有各自的局限性,所以应根据具体情况选择合适的方法确定贫困线。

第三节 贫困内涵与测算方法的探讨

自联合国在《1997人类发展报告》中提出"人类发展指数(HDI)"以来,我们对贫困的认识就不能仅仅局限于收入方面。除了缺乏物质方面的贫困外,人的贫困还意味着不能得到对人类发展最基本的选择和机会;不能过上健康、长寿、有创造性的生活;不能达到体面的生活标准;不能有尊严、满足尊严、被人尊重及得到人们生活中看重的东西。

根据这一标准,人类贫困指数(HDI)试图用一个统一的指数对贫困程度进行全面测量来反映人们生活中那些福利被剥夺以及被剥夺的程度。但是,由于人类贫困指数难以测量和达到数字化,目前人类贫困指数只有从人类发展指数中得到反映:从寿命、知识和体面的生活标准这三个方面强调被剥夺问题(王小林,2012)。

由于人类生活中被剥夺的程度因经济社会的不同而不同,HPI 分为两类:HPI-1 和 HPI-2;前者是发展中国家的贫困指数,后者是发达国家的贫困指数。

HPI-1 主要反映人类生活的三个方面:寿命、知识水平和体面的生活标准被剥夺的程度。

第一种剥夺关系到生存:在相对早的年龄死亡的脆弱性,用活不到40岁人的百分比表示(P_1);

第二种剥夺关系到知识水平:被排除在阅读和通信世界之外,用成人文盲率(P_2)表示;

第三种剥夺关系到依据经济社会提供的体面的生活标准被剥夺。由没有能享受到安全饮用水人的百分比（P_1）、没有能享用到医疗卫生服务人的百分比（P_2）和体重中等和严重不足的5岁以下儿童的百分比（P_3）表示：

$$\mathrm{HPI-1} = \left[\frac{1}{3}(P_1^3 + P_2^3 + P_3^3)\right]^{\frac{1}{3}}$$

HPI-1 的比例高低反映了遭受人类贫困之苦的人口比例的高低。它不但反映了人类贫困现象，而且反映了衡量收入的贫困所掩盖的被剥夺的人类进步。因此，可以反映一个国家或地区发展成就是如何分布的。

HPI-2 集中反映人类生活的四个方面被剥夺：寿命、知识水平、体面的生活标准以及社会排斥。

第一种剥夺关系到生存：在相对早的年龄死亡的脆弱性，用寿命低于60岁人百分比（P_1）表示；

第二种剥夺关系到知识水平：被排除在阅读和通信世界之外，用功能性文盲百分比（P_2）表示；

第三种关系到依据经济社会提供体面的生活标准，用生活在贫困线以下的百分比（P_3）表示。收入贫困线设定为个人可支配收入的中位数的50%。

第四种剥夺关系到不参与或被排斥，用长期（12个月以上）失业的劳动力百分比（P_4）度量：

$$\mathrm{HPI-2} = \left[\frac{1}{4}(P_1^3 + P_2^3 + P_3^3 + P_4^3)\right]^{\frac{1}{3}}$$

HPI-2 使用了与 HPI-1 相同的生存和知识指标，不同在于限定点更高，对经济供应和社会排斥使用了新的指标。HPI-2 与一个国家和地区的平均收入水平或取得的全面的人类发展并没有完全一致性关系。

虽然人类发展指数在贫困问题的测算和研究中的应用还存在局限性，但是它的理念标志着仅从收入方面界定贫困线是不够全面的。

有鉴于此，有必要对从其他相关方面对贫困的认识和测度做进一步的探讨。从支出的角度来看，如果贫困家庭的支出在满足一定的生理需要的基础上来判定，那么可以推出以支出为核算标志的绝对贫困和相对贫困的探讨。由于收入与支出的密切联系，我们很容易从收入的角度去考虑能否维持基本生理需要的问题。然而，家庭的支出并不全部来自可核算的收入。同时，随着时代的进步，贫困问题也不仅局限于基本生理需要，英国学者唐森德（P. Townsend, 1979）对相对贫困的概念的细致阐述，对于后来西欧国家普遍采用的相对贫困线的标准起到了很大影响。唐森德认为贫困只能是相对意义上的贫困。"贫困就是指社会中一部分人的生活状态,他们的收入远远低于社会平均收入水平"。同时,收入差距的存在决定了贫困的存在,进而由于收入差距的存在,支出的差距就会存在,从支出角度去认识贫困问题是贫困问题探讨的应有之义。

从生活质量来看,如果家庭或个人能够以一定的经济实力支撑生存权利及相应的福祉,那么就不是贫困;反之,则就是贫困。从这一概念出发,贫苦与否取决于个人谋求福祉的能力,这一能力的高低受制于获得收入的能力;但是并不仅仅取决于收入的多少,还有对所拥有收入或财富的合理支配能力。从这一点来看,收入界定贫困显然是不足的,居民收入是衡量贫困问题的常用指标;但收入并不能够很好体现以人为本的思想和实现人的全面发展的目标,因此改变和调整贫困问题的研究方向,对于全面建成小康社会具有重要的意义。生活质量作为对人们总体生活水平综合描述的指标,不仅能够反映人们的物质生活水平,而且可以反映人们的精神文化生活水平。因此,通过对生活质量研究进行综述,在此基础上构建农村居民生活质量评价指标体系,从生活质量的角度构筑贫困问题研究的理论基础;通过对数据挖掘的基本理论进行阐述,构建基于反向传播人工神经网络模型的农村贫困监测研究方法。

第三章 农村居民生活质量评价指标体系研究

生活质量的研究是当今世界各国尤其是发展中国家普遍关注的重大课题。由于"生活质量"日益成为社会发展的核心指标和人类进步的标识,因此国内外学者从经济学、社会学、人口学、统计学、医学、环境科学、哲学等角度进行了大量研究。

第一节 生活质量的内涵研究

一、国外相关研究

"生活质量"研究起源于美国。兴起对"生活质量"研究的主要原因是社会学领域对社会问题的关心或社会指标的兴趣。生活质量及其指标体系的研究是随着历史环境的变化和人们对福利认识的演进而不断深化和明确的,与发展经济学的兴起密不可分。随着"现代化理论""发展理论"相继兴起,如何来衡量"现代化"或"发展"问题成为一个十分突出的理论问题(罗栋,2012)。

1927年,威廉·奥格博就对生活质量研究表示了极大的兴趣。在他的领导下,胡佛研究中心1933年发表了《近期美国社会动向》专著,专门讨论和报道美国生活各方面的动向,在此后20年左右的时间里,威廉·奥格博的学生在"社会动向"的研究领域发表了许多重要论著。这类研究逐渐发展成为两大主流:社会指标的研究和生活质量的研究。将"生活质量"作为一个专门的研究领域始于1957年美国古瑞(Gurin)、威著夫(Veroff)、费尔德(Feld)等在美国首次进行有重要意义的生活质量调查,主要研究美国民众的精神健康和幸福(易松国,1998)。

1958年,美国制度经济学家的主要代表人物加尔布雷斯(J. K. Galbraith)在其所著的《丰裕的社会》中提出了"生活质量"的概念。加尔布雷斯认为,生活质量是指人们在生活舒适、便利程度以及精神上所得到的享受或乐趣。

1960年美国发表的"总统委员会国民计划报告"和鲍尔等同年发表的有关美国社会第二次实施全国规划的文献中,也都是用了这一名词。在早期的研究人员中,美国哈佛大学商学院教授鲍尔(Bauer)被认为是这一领域研究的先驱;自从鲍尔《社会指标》一书问世后,对"生活质量"的研究从"社会指标"研究中分离出来,专用来指对社会及其生活环境的一些感受(夏海勇,2002)。在当时美国著名的罗素·塞奇(Russtll Sage)基金组织对"生活质量"这个研究领域给予了大量的资助和支持,促成了美国60年代的生活质量和社会指标的研究。

应该说早期以"生活质量"为对象进行研究,并将这一概念纳入理论框架的应首推美国经济学家罗斯托(W. W. Rostow),在他1971年发表的《政治和增长阶段》一书中,"生活质量"被当作一种阶段特征加以描述。在这一阶段,经济增长的物质方面已经发展到极限,自然而然地转到无形产品方面,而这些方面产出的增长,罗斯托定义为"生活质量"的提高。

国外对生活质量的研究很多,但是因研究者所具有的专业背景、研究的目标群体、生活环境的不同,所采用的具体指标也不尽相同。生活质量的构成分为两个主要方面,即主观方面和客观方面,因此测量生活质量的指标可以分为两类:一是客观指标,把生活质量研究重点放在影响人们生活的物质条件方面,即从影响人们物质生活和精神生活的客观条件方面理解生活质量;发展中国家大多重视这类指标。二是主观指标,把生活质量研究重点放在对人们的主观生活质量感受方面,也就是从反映人们生活的舒适、便利程度、安全程度的主观感受方面理解生活质量;发达资本主义国家多采用主观指标。这两类指标组成了三种不同的测量方式:一是客观生活条件,它主要关注生活质量的客观生活条件,认为人们的生活水平是由人们所需要的客观资源所决定的,这些客观资源主要有收入、健康、教育和知识技能以及社会关系网络等。二是主观认知,是根据个体需求满足的程度来测量人们的生活质量。由于各地的经济发展水平和社会文化特征具有多样性,而且不同个体受教育的程度、性别、年龄、生活经历会有所不同,导致人们对生活质量的衡量和评价有所不同;因此生活质量被定义为幸福感、满意度和主观生活水平。三是主客观结合,是将各个生活领域人们的客观指标和主观指标联合起来进行研究。客观生活条件指的是可确定的生活环境,主观感受包括对生活条件或具体某一方面的评价,包含了认知和感情的评价(文毅荣,2007)。

二、国内相关研究

国内学者对生活质量的定义有不同的角度，主要有经济学角度、社会心理学角度以及综合角度。从经济学角度对生活质量的定义，以厉以宁为代表。他在1986年出版的《社会主义政治经济学》中指出：生活质量是反映人们生活和福利状况的一种标志，它包括自然方面和社会方面的内容。自然方面是指人们的生活环境的美化、净化等；社会方面是指社会文化、教育、卫生、交通、生活服务状况、社会风尚和社会治安秩序等。厉以宁进一步说明，生活质量的高低与人们的福利增减直接相关，在人们的实际收入不变的情况下，如果生活环境比过去美化了、净化了，社会各种文化和生活服务比过去方便了，社会风尚和社会治安好转了，就意味着生活质量的提高，生活改善和福利的增长。很显然，从经济学角度定义生活质量，主要是强调经济发展程度对人们生活水平提高，从而改善了人们的生活质量；因此，经济发展是生活质量定义的基础。与厉以宁持有相似观点的还有朱国宏和冯立天等；如朱国宏（1993）认为，所谓生活质量，就是指一定的经济发展阶段上人口生活条件的综合状况。冯立天（2005）认为，生活质量是一个国家或地区人们生活条件的优劣程度。

从社会心理学角度对生活质量的定义，以林南和卢汉龙为代表。林南等在对1987年天津千户问卷调查资料进行分析时，提出生活质量的定义是"对生活及其各个方面的评价和总结"。他们使用满意度作为生活质量的量度，具体分为对工作、家庭和环境的满意度。在1989年关于上海市居民生活的研究中，林南和卢汉龙将生活质量定义为"人们对生活环境的满意程度和对生活的全面评价"。对生活质量的评价包括三个部分：个体对精神生活的感觉，对生活的满意度以及对社会的反馈行为，这三个部分分别属于情感、认知和行为三个层次。

从综合角度对生活质量的定义，以卢淑华和韦鲁英（1991）、陈义平（1997）等为代表。卢淑华和韦鲁英将生活质量定义为"生活等级的代名词"，侧重于人们衣食住行各个方面的客观指标，但同时也采用了满意度和幸福感这样的主观指标。他们还在研究中引入了中介评价指标和参照标准，以人们的社会地位及历史发展为参照对象，把客观指标和主观指标联系起来。陈义平将生活质量定义为"社会提供国民生活的充分程度和国民生活需求的满足程度"。通过权衡社会生活的供给水平，可以体现人们生活的发展阶段和程度，通过以满意度作为评判关键词对人们需求的满足程度进行评估，能体现人们在不同生活发展阶段中生活各方面的优劣好坏。另外，赵彦云和李静萍（2000）指出：个体的生活质量在很大程度上受社会环境的制约和影响;生活质量是一个涵盖面很广的概念,既包括个体的物质消费和精神消费,又包括个体在其中活动的社会环境和自然环境,既有强烈的个性内容,又有一般的发展规律。

周长城(2001)从综合的角度对生活质量作了如下定义:生活质量就是环境供给人们生活条件的充分程度以及人们生活需求的满足程度,是在一定的物质基础之上,社会成员对自身及其自身所处的各种环境的感受的评价。他将生活质量按两对变量(生活的机会和生活的结果、外在的生活质量和内在的生活质量),区分出生活质量的四个方面的主要内容,分别是:环境的承载能力、生命的效用、个体的生存能力和个体对生活的评价。

穆广杰(2004)认为我国现阶段的生活质量的内涵应具有以下特点:(1)将生活质量限定在生活质量的客观方面。其原因在于生活质量的提高应该与经济社会发展的阶段相适应。对经济发展尚处在较低级阶段的我国社会来讲,中心目标是社会为国民生活提供充分的物质基础,使国民生活的需求得到一定的满足。(2)生活质量应较少涉及个人生活层面,而以社会条件层面(公共领域)为主。社会发展的终极目标是提高人的生活质量,是使社会中的每一个人都生活得幸福;但是,社会层面的总体生活需求满足是个人层面生活质量提高的基本前提。同时,从我国社会发展的实际以及人们生活的需求程度和阶段性原则出发,目前应从生活质量的社会层面着手,以社会为公共领域提供的生活需求满足程度为首要目标。(3)生活质量应着重从两个方面来评价,即社会提高居民生活的充分程度以及居民生活需求满足程度。

第二节 生活质量评价指标体系研究

一、国外相关研究

欧洲各国在生活质量指标方面已形成了自己独特的以福利模式为主的四种指标体系,分别为生活水平、生活条件、生活水准和生活质量等四种类型。"生活水平"是北欧国家以福利概念为基础而发展的概念;生活条件研究是欧洲最普遍的研究类型,许多欧洲国家都采用这种模式,如法国、英国、意大利、西班牙、葡萄牙、希腊、卢森堡等国用各种生活领域和福利状况来组织其社会报告;生活水准研究主要在中欧以及以匈牙利、捷克、波兰等国为代表的东欧国家,他们重点关注由客观指标测量的基本生活水平,并认为人们的生活水准主要体现在金钱和人们生活的变化之上。在欧洲各国中,主要是德国、奥地利、荷兰、瑞士等国在从事生活质量研究。实际上,福利状况调查对生活质量研究而言甚至更为重要,个人福利被认为是客观生活状况和主观幸福的集合(王威等,2002)。

欧盟建立的欧洲生活质量指标体系涉及13个生活领域:人口、家庭状况、住房条件、交通运输、休闲娱乐与文化、政治参与和社会整合、教育与职业培训、劳动力市场和工作条件、收入与消费、健康、环境、社会安定以及公共治安与犯罪。在185个次级指标中,客观指标占85.9%,主观指标占14.1%。该系统没有包含所有的生活领域,但却关注了当前与今后一段时期影响人们生活质量的重要的生活领域,具有综合性、客观性和前瞻性等特点。

美国研究生活质量大多以测量主观感受为主,如Daly(1990)主要从满意度的角度对美国生活中的14个领域进行主观测量,即对生活总的看法、家庭生活、社会生活、与工作有关的生活领域、个人健康、娱乐、精神生活、自我、健康、物品与服务的购买以及消费、物质拥有、联邦政府的工作表现、当地政府的工作表现等(周长城,2003)。道斯特(Robin A. Douthitt,1992)等则认为,客观指标的规范化增强了可感的主观生活质量指标的解释力。在解释可感的经济与非经济生活领域满意度的时候,客观指标被证明是有效的。他们的研究还指出,不断扩大的家庭规模对于提高非经济领域的主观生活满意度是十分有效的,而对于经济领域的生活满意度则具有相反的作用。康明斯(Robert A. Cummins,2000)在一篇关于主客观指标研究的文章中指出,主客观指标对生活质量结构分别起作用;然而在各自测量领域里,变量之间的关系是十分复杂的。尽管主客观指标相对独立,但是在客观物质条件十分恶劣的情况下,它们的独立性会增强。也就是说,客观物质条件越差,它与主观满意度之间的关系就越不明显,主观生活质量是处于"自我平衡"控制之下的,这意味着主观生活质量通常保持在一个狭窄的范围之内。较低的物质生活条件的起点对自我平衡有非常大的负面影响,在这样的环境下,客观指标将排斥主观指标。

澳大利亚墨尔本大学应用经济学和社会学研究所首席研究员赫迪(Heady,1993)在一项关于主观生活质量经济学模型的研究中提出将经济学与心理学相结合对生活质量进行研究,经济学有恰当的概念框架,但是所选择的指标存在一定缺陷;虽然心理学没有一个明确的概念框架,但是却有有效的指标。经济学家认为休闲、消费等因素是影响生活质量的主要因素,而心理学家则从个性、健康、社会网络以及不同生活领域的满意度来直接测量主观生活质量;他们的研究结果是:个性、健康、人际关系网以及生活满意度能解释70%～80%的生活质量,而物品和服务的购买与消费则与生活质量几乎没有关系。

总的来看，国外学者从生活质量涉及层面的不同对生活质量研究的角度也各有不同。从层次上分，有微观、宏观视角进行区分；按目标群体来分，可以为某一地区的全体人群，或某一类人群，或某个个人，如城市、农村、大学生、老年人、妇女、特殊群体、疾病患者等；从学科来看，可以有侧重经济学的、侧重医学的、侧重社会学的、人口学的、哲学的角度。在层次上，从宏观的角度研究生活质量，重点放在影响人们物质生活与精神生活的客观指标方面，着重进行社会指标的研究；从微观的角度研究生活质量，则偏重于对人们生活主观感受方面的研究，把满意度作为人们对生活质量评价的关键，着重进行对幸福感的考察。从目标群体的角度来看，国外一些政府机构、非政府组织以及某些国际机构大多是从宏观的角度研究某一地区的整体生活质量；某些学者则将其目标锁定为某一类特殊群体，如研究特殊人群的生活质量，小学生的生活质量等；还有些学者则开展了针对个人的研究。从学科的角度出发来看，如从医学角度出发，主要是研究人的生理状况与生活质量的关系，如伤残者的生活质量；从经济学角度出发，主要是研究经济发展水平、收入水平与消费水平对生活质量的影响；而从社会学的角度出发，则从社会生活的各方面全面地研究其对生活质量的影响。

二、国内相关研究

在指标体系研究方面，国内学者在吸收国外学者研究的基础上，根据我国实际情况也提出了自己的指标体系。如罗萍、殷燕敏等（2000）提出自己设计的指标体系，包括以下内容：一是收入状况，包括城镇居民生活费收入、职工平均工资；二是消费结构，包括恩格尔系数、消费水平、能源消费、热量、蛋白质、用电量以及拥有电冰箱、电视机、电话机、空调、摩托车、私家汽车等情况；三是住房条件，有住房面积一项；四是婚姻家庭，包括家务劳动和有无配偶以及家庭完整率；五是社会服务；六是健康状况；七是文化教育；八是经济环境。这8大类因素包括38个具体指标。

赵彦云、王作成（2003）依据瑞士洛桑国际管理学院的国际竞争力评价指标体系，建立了反映生活质量的指标体系。构成这一体系基本框架的11个方面包括：反映经济实力的发展水平，反映收入差距的收入分配，反映消费支出的消费水平，反映居民出行方便程度的交通条件，反映通信能力和获取信息渠道的信息化水平，反映健康水平和医疗保障的健康保障，反映居民就业机会的就业保障，反映居民受教育状况的教育水平，反映社会稳定、安全、公平等的社会安全，反映城乡差距和城市化作用的城市化，综合反映生活质量效果的生活水平。

张润清、谢艳辉（2004）在我国农村居民生活质量评价指标体系研究中应用物质生活质量指标，包括人均 GDP、非农业劳动力占农村劳动力的比重、平均受教育年限、农村每万人拥有医生、平均预期寿命、人口自然增长率、恩格尔系数、农村每万人拥有商饮服务网点、万人电脑普及率 9 项指标；精神生活质量指标：对政府在农村的政策的满意度、对地方政府官员的满意度、对社会安全的满意度、对生活环境的满意度、农村居民对个人生活条件的满意度、农村居民对个人婚姻家庭生活的满意度、对业余娱乐生活的满意度等 7 项指标对农村居民生活质量进行研究。

从 1988 年开始，中国社会科学院社会学所在与有关单位联合组成的课题组进行的"社会发展与社会指标"课题研究中，提出了衡量地区社会综合发展的 5 组指标。此后，朱庆芳研究员主持对我国社会质量和社会发展进行过多年的追踪评估，提出了包括居民消费、收入、吃穿用住、能源消费、生活方便程度、精神生活等在内的指标体系（易松国，1998）。1989 年江苏社会科学院社会学所"现代化和社会主义新人"课题组对江苏、河南、吉林、四川、广东等五省城乡发出问卷，调查居民对自身生活质量的主观态度。他们把生活质量分为两方面进行测量：第一方面为职业生活质量，包括和同事关系、和领导关系、劳动强度、工作环境、工资福利待遇、职业技术难度、职业声望、职权范围、晋级机会、本单位改革情况等 10 个项目；第二个方面为社会生活质量，包括物质文化生活各方面的 14 个项目，以五级计分方法测量出生活质量的综合数值。

1987—1990 年北京大学社会学系生活质量课题组在北京、西安、扬州三个城市部分地区进行了多次抽样调查。他们除引入客观指标外，还对主观生活质量指标的影响这一项增加了参照标准，并通过中介评价指标将客观指标系列进行综合，形成了三级主、客观作用机制的生活质量模型。通过验证，此模型可较大地增加对生活质量满意度的解释力（卢淑华等，1992）。

1996 年前后，我国科技促进发展研究中心生活质量课题组在北京等几个城市做过调查和研究，主要以生活的环境质量为对象，调查城市居民的环境意识，并用两类指标来对其进行刻画：一是居民对环境现状的评价和预期；二是居民对环境问题在生活各个方面的重要性程度的评价。研究结果表明：人们对与人为因素直接相关的生活环境要素的评价，要远远低于对那些人为控制较少的生态环境因素的评价。居民的环境意识与其文化素质密切相关，素质越高的人对环境要素的评价越低，环境意识越强。环境的好坏影响人们的生活质量，但人们能否在主观上意识到这一点，并将其作为生活的一个重要方面去关注，则可能是另外一个问题。

目前，国内学者对生活质量的研究主要还集中在城市层面，对农村居民生活质量的研究还不多见。贺宏善（1998）探讨了提高农村居民生活质量的问题，认为农村居民生活质量的提高，包括提高农村居民的物质生活和精神生活两个方面。农村居民经济收入的增加是农村居民生活质量提高的物质基础；但是经济收入的增加，生活水平的提高，并不代表生活质量提高了。提高生活质量，还要同时提高农村居民文化、体育、娱乐等精神生活质量。郑振佺、陈飞天、陈绍军（2001）分析了农村生产条件、生产管理因素、医疗卫生教育文化因素和生态环境对农村居民生活质量的影响，并提出了"十五"期间提高福建省农村居民生活质量的对策。

三、国内外研究评述

通过相关文献回顾可以看出，国内外学者对生活质量的研究历史并不长，总体来说，生活质量研究还没有形成被广泛接受的系统理论与方法。但国内外学者所作的研究也取得了很多的成果，为后续的研究奠定了基础，同时也开辟了新的研究空间，使得生活质量研究逐步深入。随着经济与社会的不断发展，人们的生活水平还在不断提高，因此要从理论与实践的角度探讨生活质量的问题，首先就要从历史与现实的角度出发客观评价前人的研究成果。下面将分别从研究的理论视角、研究的内容两个方面来总结和评价前人的研究。

从研究理论视角的选取来看，国内外学者关于生活质量的研究主要立足于三种理论视角：经济学的视角、社会心理学的视角和综合的视角。从经济学的视角出发，生活质量是与一定的经济发展程度相适应的，经济发展提高了人们的物质生活水平，并且改善了人们的生存环境，提供给人们更丰富的社会生活和更方便的社会服务，从而提高了人们的整体生活质量，因此生活质量是立足于经济发展并与经济发展水平相适应的。但经济发展并不一定会促进社会的发展，也不一定会提高人们的生活质量，因为生活质量不仅包含物质方面的因素，而且还包括精神方面的因素。随着经济的发展，在人们的物质生活水平达到一定程度之后，人们会更加关注精神生活方面的因素。从社会心理学角度来研究生活质量，更加注重人们对于生活各个方面的主观感受，以满意度评价为主要指标。但是无论是从经济学角度出发来偏重于物质生活质量，还是从社会心理学角度出发来偏重于人们的精神生活质量，都不是生活质量的全部。生活质量既包含物质的因素，又包含精神的因素，因此全面的研究，应该将以上两种视角综合，从物质与精神这两个方面来研究生活质量，这就是综合的视角。从不同的理论视角出发研究生活质量，所采用的模式与具体指标体系也不同。从经济学的角度研究生活质量，主要采用斯堪的纳维亚模式，注重物质生活质量指标体系的构建；从社会心理学的角度研究生活质量，主要采用美国模式，注重主观感受指标体系的构建。广大的发展中国家由于经济还不够发达，社会发展不充分，人民的生活质量还处在注重物质生活的阶段，因此在这些国家中较多地采用前一种模式和指标体系。而以美国为代表的发达资本主义国家，经济发达，社会发展充分，人们更重视精神生活，因此在这些国家主要采用后一种模式和指标体系。人们的关注点从物质生活转向精神生活应该是一种趋势，生活质量的研究应该逐步增加对精神生活的关注，对综合性视角的研究也同样提出了这种要求。

从研究内容的选取看，关于生活质量研究的内容已经相当广泛，主要内容包括生活质量的含义、定义、指标及指标体系的构建、测量模式、研究层面、研究对象、影响生活质量的因素等。在以上所列举的几个方面，学者们都提出了各自的观点和看法。有些观点和看法比较一致，如对生活质量的含义的看法就比较一致，都认为生活质量是一个综合性的概念。但有些观点和看法却相差甚远，如对生活质量的定义、指标体系的构建等看法就有所不同。这使得生活质量研究到目前为止还没有形成比较统一的理论与方法。另外，对不同层面和不同对象所做的实证研究，都丰富了生活质量研究的内容，为生活质量理论的建立提供了丰富的素材。在研究对象上，我国学者将目光主要集中在城市或某一特殊人群，而很少选取农村居民为研究对象。农村居民是我国人口的主体，对农村居民生活质量的研究显得尤为重要（周万全，2005）。

基于以上述评，在广泛吸取前人研究成果的基础上，构建适合甘肃省农村居民的生活质量指标体系，需要以甘肃省农村居民生活为背景，立足于社会学的理论视角，运用生活质量的有关理论，考察农村居民的具体生活。

第三节　农村居民生活质量评价指标体系的构建

一、构建原则

（一）全面性原则

设计的指标体系要能全面地反映农村社会经济的运行和发展的基本态势，能全面准确地反映农村居民生活的主要过程和主要层面的实际情况，以便开展全面的分析和综合评价。

（二）系统性原则

指标体系作为一个有机整体，应该从不同角度反映农村居民生活系统的主要特征和状况，建立一个完备的指标群，在确定每一个指标时，不能孤立地就指标本身来考虑问题，而要把这个指标放在研究对象的总体中去，从整体的角度考虑这个指标与其他指标的关系，既要各有侧重、相互分工，又要相互配合、相互补充，且有较强的代表性和系统性。

（三）科学性原则

设计的指标从元素构成到结构都要符合经济规律、社会规律、技术规律和自然规律的要求，指标含义明确，测算方式标准，统计计算方法规范，能反映农村居民生活质量的内涵和目标的实现程度，以便保证评估方法的科学性、评价结果的真实性和准确性。

（四）可操作性原则

影响农村居民生活质量的因素有很多，但并不是反映这些因素的指标选的越多越好，要考虑到指标数据的取得与处理的难易程度和可靠性。设计的指标既要能满足开展居民生活质量测定、计量、分析和评估的需要，又要有易于获取的现实可行性，以便于具体操作。当某些重要指标无法量化时，应设法寻找替代指标、寻找专门调查搜集指标的途径、寻找统计估算的方法。可操作性还体现在操作过程的经济性，即在满足评估精度要求的前提下，尽可能使评估的成本最小。

（五）可比性原则

即所构造的评价指标体系在不同时间、不同地域能够比较对照，以反映和判定评价体系的运行状态。在进行农村居民生活质量差异评价中，为了确保可比性，应尽量采用水平指标及结构指标，少用绝对指标。

二、构建指标体系应遵循的理论

（一）以人为本的发展理论

人本社会发展理论的核心内容是：从人类自身要求出发，以人为本，把社会发展看作是人的需要得到满足、人的素质与才能得到全面发挥的过程，即人本性的社会发展观。"以人为本"并不只是关心人类自身，而是要正确处理好人与自然、人与社会、人与人之间的关系，寻求一条持续促进人类社会发展进步的途径。人的发展不仅是指人的物质需要得到满足，也包括人的精神需要与生态需要得到满足，使人的体力与智力上的各种潜能得到充分体现；不仅是指人的能力得到发展，也包括人的能力的利用效率得到充分发挥。已故罗马俱乐部主席贝切伊认为，人的发展是人类社会发展的最高目标，发展除了满足人的基本需求这个低层次的需求外；还有更高层次的需求与自我实现，要不断提高人的素质，发掘人的潜力，实现社会与自然的和谐关系，而这些正是改善生活质量的真正含义。因此，只有把提高生活质量落实到人的全面发展上来，经济增长才不会迷失方向，社会发展才不会走入误区，人们的未来才会更加幸福美好。

（二）社会发展阶段性的理论

马克思主义认为，事物发展既是持续的，又是分阶段的，是持续性和阶段性的统一。人类社会的发展也要分阶段地持续推进。从宏观层面考察社会发展，无论是形态的变化，还是制度的变迁，都历史性的表现为阶段性特征。就不同的社会发展时期而言，其政治制度、经济体制和生活方式都具有时代的烙印。

初级阶段是建设中国特色社会主义必须经历的一级重要台阶，初级阶段的发展虽然要着眼于社会主义的更高阶段，但即使在社会主义初级阶段也要分先后有步骤地确定发展的基本任务和目标。邓小平同志提出的社会主义初级阶段理论的实质最终是要落脚到提高居民生活质量上来：立足于现阶段，是让一部分人先富起来；立足于未来，是寻求实现共同富裕。作为有我国特色阶段性发展理论核心的"三步走"战略目标和战略步骤中，"温饱""小康""富裕"是衡量居民生活由数量到质量的三个阶段性转折点；而人均国民生产总值增长的三步目标则科学地勾勒出人们生活水平总体上逐步提高的程度，标志着经济发展到一定水平后，社会发展尤其是居民生活质量也要随之跃上一个新台阶。因此，构建居民生活质量评价指标体系要在社会发展阶段性理论的基础上，能准确地测量出现阶段农村居民生活质量在发展程度上的特征，既能与国际接轨，又能体现我国的国情和实际。

（三）可持续发展理论

联合国开发计划署在《1997人类发展报告》中指出："人类可持续发展乃是这样一种意义上的发展，它不仅创造经济增长，而且关注经济增长成果的公平分配；它要再造环境，而不是破坏环境；它给予人助益，而不是使人边缘化。它是这样的发展，它优先关注穷人，增加其选择和机会，使他们更多参与到影响他们生活的决策活动中来。它是这样的发展，关注人、关注自然、关注就业和妇女的发展。"

可见，实施可持续发展必然要求提高农村居民生活质量，提高和改善农村居民生活质量的过程也就是将可持续发展思想具体化、操作化的过程。可持续发展包括生态发展、经济发展和社会发展三个方面，是三种可持续性相互联系、相互制约、高度统一与协调的系统整体，其中以生态可持续为基础，以经济可持续为主导，以社会可持续为根本目的。而居民生活质量状况是社会各个领域、各个层面发展状况的集中表现，居民生活质量的提高有赖于生态、经济、社会三个部分长期的协调发展。

（四）系统工程理论

系统工程理论是具有普遍指导意义的科学理论，其基本观点是：任何复杂的大系统都由众多子系统构成，子系统与子系统，子系统与大系统之间相互协调、相互配合，共同确保大系统的有机存在。人类社会是一个无比巨大的系统，不仅涵盖面广、内容构成复杂，而且与外部环境保持着复杂的交换和互动关系。将系统工程理论作为建立农村居民生活质量指标体系的基本理论依据之一的重要性在于，用系统的观念才能全盘考察社会的各个方面，将社会看作是由各个子系统构成的复杂有机体，从而在构建农村居民生活质量评价指标体系时能对社会系统中的各个部分给予关注，以合理确定生活质量的不同层次和不同维度，所选用的各指标间才会有内在联系性和逻辑性。

三、农村居民生活质量指标体系

生活质量是对一个社会中人们总体生活水平的综合描述。现代社会是一个以人为本的社会，社会发展应以提高人的福利为最终目标，因此，生活质量也是一个社会整体发展水平的重要指标。我国属于发展中国家，经济不够发达，社会发展水平不高，人民的生活质量的变化主要体现在物质的需求与满足程度方面。但是，根据马斯洛的需求理论，人类五个方面的需求是同时存在的，当某一层次的需求得到满足后较高层次的需求就会成为主导需求。与生活质量的客观方面相联系，代表了当前农村居民主要需求层次的生理、物质方面的需求，是较低层次的需求；与生活质量的主观方面相联系，代表了农村居民精神文化方面的需求，是较高层次的需求。必须看到，农村居民对生活质量的客观方面和主观方面的需求是并存的，只是在不同的经济和社会发展水平下，需求及满足的程度不一，这两个方面有所偏重而已。

因此，农村居民生活质量评价指标体系主要包括收入消费与经济环境子系统、公共服务与设施供给子系统、教育与文化子系统、医疗健康与卫生子系统、农业生产子系统、家庭生活子系统、环境子系统等7个方面。根据《国家农村贫困监测调查方案》中调查问卷和调查指标的设置，考虑指标可获得性的原则，各子系统中具体指标的选取应与调查数据保持一致。其中收入消费与经济环境子系统包括本年度外出从业实际得到的收入，本年度外出从业生活消费总支出，本年度家庭重大事项发生情况，年末借贷款余额；公共服务与设施供给子系统包括农村最低生活保障享受情况，医疗保险参加情况，住宅外道路路面情况，管道供水情况，主要饮用水来源情况，获取饮用水存在困难的情况；教育与文化子系统包括上学的便利程度，受教育程度，有线电视信号覆盖情况，文化活动室拥有情况；医疗健康与卫生子系统包括就医状况，残疾状况，健康状况；农业生产子系统包括小型农用拖拉机拥有情况，收割机拥有情况，脱粒机拥有情况，农业生产性固定资产投资资金来源；家庭生活子系统包括婚姻状况，饮水使用前消毒情况，厕所类型，厕所使用情况，洗澡设施，取暖情况，主要取暖用能源状况，主要饮用能源状况，耐用消费品拥有情况；环境子系统包括村务会议参与情况，村级公共事务建议情况，垃圾集中处理情况，主要遭遇的自然灾害情况（见表3-1）。

表3-1　　　　　　　　农村居民生活质量评价指标体系

评价内容	评价指标
收入消费与经济环境子系统	本年度外出从业实际得到的收入
	本年度外出从业生活消费总支出
	本年度家庭重大事项发生情况
	年末借贷款余额
公共服务与设施供给子系统	农村最低生活保障享受情况
	医疗保险参加情况
	住宅外道路路面情况

续表

评价内容	评价指标
	管道供水情况
	主要饮用水来源情况
	获取饮用水存在困难的情况
教育与文化子系统	上学的便利程度
	受教育程度
	有线电视信号覆盖情况
	文化活动室拥有情况
医疗健康与卫生子系统	就医状况
	残疾状况
	健康状况
农业生产子系统	小型农用拖拉机拥有情况
	收割机拥有情况
	脱粒机拥有情况
	农业生产性固定资产投资资金来源
家庭生活子系统	婚姻状况
	房屋主要建筑材料
	饮水使用前消毒情况
	厕所类型
	厕所使用情况
	洗澡设施
	取暖情况
	主要取暖用能源状况
	主要饮用能源状况
	耐用消费品拥有情况
环境子系统	村务会议参与情况
	村级公共事务建议情况
	垃圾集中处理情况
	主要遭遇的自然灾害情况

第四章　基于生活质量视角的农村贫困识别模型构建

构建基于生活质量视角的农村贫困识别模型是测算农村贫困人口的重要手段和工具。由于本书使用的数据集具有容量较大、变量多且大部分是离散型的特点，所以比较适合采用数据挖掘的方法进行分析。本章在对决策树模型、随机森林模型、逻辑回归模型和人工神经网络模型等数据挖掘方法的基本原理、基本特征进行阐述和对比的基础上，结合数据集的特点和研究目的，选择人工神经网络模型作为基于生活质量视角农村贫困识别的方法；同时详细论述了农村贫困人工神经网络模型拓扑结构的构建以及数据预处理、训练集、检验集的确定等问题。

第一节　数据挖掘的基本理论

一、数据挖掘的内涵

数据挖掘是一个处理过程，它利用一种或多种计算机技术，从数据库的数据中自动分析并提取知识；数据挖掘会话的目的是确定数据的趋势和模式。数据挖掘所获取的知识是以一个模型或数据概化的形式给出；尽管现在有多种数据挖掘技术，但所有的数据挖掘方法都采用基于归纳的学习，基于归纳的学习是通过观察所学概念的特定实例形成一般概念的过程（Soman，2009）。

二、学习的分类

数据挖掘的核心内容是有关学习的，学习是一个复杂的过程，通常它可以分为4个级别：事实，就是对所要研究事物的简单陈述；概念，是指具备某个特征而聚合在一起的对象、符号或事件的集合；程序，是指在日常工作和解决困难问题时，为达到某个目的而采取的一步一步的行动过程；原理，代表学习的最高层次，它是一种普遍事实或是其他事实的基本规律。在这4个级别的学习中，计算机擅长学习概念，概念是一个数据挖掘会话的输出，数据挖掘工具规定所学概念的形式。一般的概念结构包括树、规则、网络和数学方程，其中树结构和产生式规则容易被解释和理解；而网络和数学方程由于是黑盒子式的概念结构，因此包含在其中的知识，不容易被理解。

三、概念的研究角度

根据观察问题的角度不同，对概念的内涵、理解和使用也会发生变化，对数据挖掘技术的选择也不尽相同，通常可以从 3 个角度研究概念，分别是经典观点、概率观点和样本观点。经典观点认为所有概念都有明确的定义属性，这些属性决定了个别项目是否为某个特殊概念的一个实例；概念的经典定义是明确的，对曲解丝毫不留余地，该观点认为一个特殊的所有实例等同于这个概念的代表。概率观点认为概念不需要代表具备定义属性，可以用属性表示，而这些属性很可能是概念成员；该观点假设通过对个别样本的观察产生概括，作为人们储存和回忆的概念。样本观点与概率观点比较相似，认为如果一个给定实例与某个特殊概念的一个或多个已知例子所组成的集合充分地相似，则它被认为是这个概念的一个例子；该观点表明人类储存和回忆合适的概念样本，然后用它们分类新的实例。如同概率观点，样本观点可以将概念成员的概率与每个分类联系起来。

四、学习的方法

数据挖掘中的常用学习方法是有指导的学习和无指导的聚类，其中有指导的学习是数据挖掘中使用最广泛的方法。

1. 有指导的学习是指通过对个别实例进行归纳并标记，选择认定的定义概念的特性形成分类模型，在此基础上使用该模型进一步区分结构相似的对象，这种类型的学习称为基于归纳的有指导的概念学习，简称有指导的学习。有指导的学习特征主要表现为三个方面：一是通过包含所要学习的概念的例子和非例子的数据集合，使用有指导的学习建立分类模型。二是通过运用创建的分类模型确定新提交的未知来源的实例的类别。需要强调的是，尽管分类模型是通过归纳创建的，但应用模型为未知来源的新实例分类是一个演绎过程。三是通过使用检验集来检验模型的准确度，确定模型在使用过程中的效果；检验集中的实例分类是已知的，所以可以将模型所确定的检验集实例分类与正确分类值进行比较，检验集分类的正确性是评价模型性能的重要指标。

2. 无指导的聚类是由无预定义类数据建立模型的数据挖掘方法，数据实例根据聚类系统定义的相似分类机制进行分组。无指导的聚类系统需要为数据中聚类的总数提供一个初始的最佳估计，或者使用一种算法来确定聚类的最佳数目；无论何种情况，无指导聚类的目的都是相同的，即试图将实例分为具有重要意义的类。无指导聚类的主要作用表现为两个方面：一是无指导聚类可作为有指导学习性能评估的有效工具；二是可以用于检测数据中出现的非典型实例。

通过对数据挖掘的内涵、学习的类型、概念的研究角度和学习的方法等问题进行归纳、阐述和比较，本章主要从概念学习的层次，从样本观点的研究角度，运用有指导学习的数据挖掘技术对农村贫困问题进行数据挖掘。

第二节　贫困识别方法的比较

一、决策树模型

决策树算法是在 20 世纪 60 年代被提出，是一种被称为递归划分的探索方法，这种方法通常称为分而治之，因为它是利用特征的值将数据集分解为相似的较小的子集。决策树模型主要被应用于预测、分类、规则提取等领域。1975 年，罗斯昆（J. Ross Quinlan）提出 ID3 算法，目的是减小树结构的深度，但忽略了叶子数的研究。其基本的思想是发现数据集中蕴含的分类规则，如何建立精度高、规模小的树结构。在构造决策树时，首先从训练样本集出发，从样本中选择一个子集用来创建决策树；其次比对子集的内部属性；再次根据特征变量的不同值向下分支；最后从根节点到叶子节点形成了一条分类规则，至此就建好了一棵决策树。现在再用测试集对已经建好的决策树进行准确度的验证，如果能对实际案例进行正确分类，则结束此过程；否则，将实际案例加入选择的训练子集，继续构建新的树，依次循环，直到能将所有未选的实例进行正确分类时结束。

决策树最顶端是根节点，最底端是叶子结点，叶子节点就代表某个类或者相应类的分布。由于决策树是根据分而治之的划分方法将样本数据细分到不同的类中，所以连续型变量不适用应用决策树模型，要将连续变量离散化后才能使用决策树算法模型，因此决策树模型主要是面向离散型变量的数据。

（一）基于条件推理树分类原理

假设因变量 Y 受给定的 m 维自变量 X 的影响，其中，Y 来自样本空间 $\Re^n$，X 来自样本空间 $X = X_1 \times \cdots \times X_m$，则在 X 服从某一函数 f 的条件下，Y 的分布函数设为 $D(Y|X)$，即

$$D(Y|X) = D(Y|X_1, \cdots, X_m) = D(Y|f(X_1, \cdots, X_m)) \tag{4.1}$$

这里在给出算法表示之前做一个约束：将自变量划分为 r 个独立的小格子 $B_1, \cdots, B_r$，即样本空间 $\mathcal{X} = U_{k=1}^r B_k$，在给定的一个随机样本集作为学习集 L_n，其中样本是独立同分布的观测值，样本中可以有一些 X_{ji} 的缺失，这里

$$L_n = \{(Y_i, X_{1i}, \cdots, X_{mi}); I = 1, \cdots, n\}$$

那么一个一般的递归二值划分算法可以在给定的学习集 L_n 上用带有权重 $W = (w_1, \cdots, w_n)$ 的非负整数值描述。即如果这个观测值是树的某个节点时用一个非零权重向量 W 表示，否则就是 0。具体描述如下：

（1）在权重向量 W 的情况下，检验全局变量零假设：某一维的特征变量 X_j 与因变量 Y 之间是独立的。如果不拒绝零假设则停止，否则选择这个特征变量 X_j 与 Y 是强相关的关系。

（2）选择一个集合 $A^* \subset \mathcal{X}_j$，将 $\mathcal{X}_j$ 分裂成两部分，A^* 和 $\mathcal{X}_j \setminus A^*$。用左权重向量和右权重向量分别标记两个集合的样本，即 $w_{left,i} = w_i I(X_{ji} \in A^*)$ 和 $w_{right,i} = w_i I(X_{ji} \notin A^*)$，这里 $i = 1, \cdots, n$（$I(\cdot)$ 是示性函数）。

（3）分别根据优化的权重 W_{left} 和 W_{right} 递归重复（1）、（2）步。

算法的 1、2 步特征变量的选择和分裂过程是树结构建立时不受有很多分裂可能或者缺失值的特征变量影响的关键。此外，一个统计上的动机和直觉上的停止规则可以被实施：可以在某些特征变量与因变量的独立性假设在一个给定水平 α 下被拒绝时停止。这个算法可以使得自变量样本空间 $\mathcal{X}$ 被划分成 r 部分，即 $\{B_1, \cdots, B_r\}$，其中每一个 $B \in \{B_1, \cdots, B_r\}$ 与一个权重变量 W 对应。

（二）决策树模型的优缺点

事实上，决策树可能是最广泛使用的机器学习的方法之一。因为它确实是适用于大多数类型的问题，而且可以直接使用。与其他先进的机器学习方法相比，比如神经网络、支持向量机等，一般都表现得与其他模型几乎一样的好，但是决策树却更易于部署和容易被理解。下面具体列举几个优点见表 4-1。

表 4-1　　　　　　　　　　模型优点

决策树模型的优势
1. 一个适用于多数问题的通用分类器
2. 高度自动化的学习过程，可以处理数值型数据、名义特征以及缺失数据
3. 只使用最重要的特征

续表

决策树模型的优势
4. 可以用于只有相对较少训练案例的数据或者有相当多的训练案例的数据
5. 没有数学背景也可以解释一个模型的结果（对于比较小的树）
6. 比其他复杂的模型更有效

当然任何一个好的算法都有它的局限性，决策树也不例外，但是它的缺点相对来说是较轻微的，而且很大程度上都可以避免，如下所示：

（1）决策树在根据具有大量水平的特征进行划分时往往是有偏的。
（2）很容易过度拟合或者不能充分拟合模型。
（3）因为依赖于轴平行分割，所以在对一些关系建立模型时会有困难。
（4）训练数据中的小变化可能导致决策逻辑的较大变化。
（5）大的决策树可能很难理解，给出的决策可能看起来会违反直觉。

二、随机森林模型

随机森林算法是关注决策树的集成学习算法，又称决策树森林。该方法由 Leo Breiman 和 Adele Cutler 提出，将 Bagging 和随机特征选择结合起来，由随机放回的再抽样的样本形成的决策树组成的，其特点是这些决策树的每一个节点的分割变量不是由所有的自变量竞争产生，而是由随机选取的少数变量产生；因此不仅产生每棵决策树的样本是随机的，每棵树的每个节点的产生也是随机的。这些随机产生的决策树数目很大，因此称为随机森林。而且，结果的投票是等权的，需要确保每次建树时，特征变量等可能的被选择，这样在树的集成产生之后，使用投票的方法来组合预测结果。

因为集成学习只需要使用全体特征集中的一个很小的随机部分，所以随机森林算法可以处理非常大量的、特征变量很大的数据集，而且很少发生过拟合现象，分类与回归的速度很快。从随机森林算法被提出到现在，相对于其他算法，随机森林算法都非常有竞争力，常常在竞赛中具有核心优势。在生物学、经济、金融等很多领域都有广泛的应用。下面对随机森林算法原理进行详细介绍。

（一）随机森林算法工作原理

随机森林算法是由多个决策树模型 $\{h(X, \Theta_k), k = 1, 2, \cdots\}$ 随机被抽取集合成的分类模型，其中参数 $\{\Theta_k\}$ 独立同分布，在给定的自变量 X 下，每个决策树模型都有一票投票权选取最优分类结果。其具体学习过程分三步：第一步，利用 Bootstrap 抽样从训练集中随机抽取 k 个样本，同时保证这 k 个样本的样本容量与原训练集相同；第二步，根据 k 个样本学习 k 个决策树，得到 k 种分类结果；第三步，k 种分类结果利用投票的方式决策，得到最后的分类结果。

随机森林算法利用随机抽取样本得到多样的训练集，以此得到多种不同的分类模型，从而提高集成后的模型预测能力。对 k 个样本分别学习，得到一系列分类器 $\{h_1(x), h_2(x), \cdots, h_k(x)\}$，再利用这些分类器构造一个多分类模型，这个模型的最后的分类结果采用简单的多数投票法。

最后组合结果为

$$H(x) = \arg\max_{Y} \sum_{i=1}^{k} I(h_i(x) = Y) \quad (4.2)$$

式中：$H(x)$ 表示最后的集成结果，h_i 表示随机学习的决策树分类器；Y 表示目标变量；$I(\cdot)$ 是示性函数。

式（4.2）表示了使用多数投票法来决策最终分类的集成学习过程。

经过收敛性证明，可知随机森林算法不会随着组合的决策树增多而产生过拟合的问题，但是在一定的概率下会产生泛化的误差。泛化误差可以写成：

$$PE^* = P_{X,Y}(mg(X, Y) < 0) \quad (4.3)$$

随机森林模型用 Bagging 方法生成不同的训练集，对每个训练集利用随机特征选取来学习决策树。用 Bagging 方法生成训练集时，原训练集中每个样本都有 $(1 - 1/N)^N$ 的概率未被抽取，当 N 足够大，收敛于 $1/e \approx 0.368$，这说明原样本集有接近 37% 的样本并不会出现在随机抽取的训练集里，这样的数据被看作袋外（Out of Bag，OOB）数据，用这部分数据估计模型的性能就称为 OOB 估计。根据每一棵树得到的 OOB 误差去估计平均值，即可得到泛化误差估计。经过 Breiman 证明，OOB 误差是无偏估计。实例证明 OOB 估计和使用同样样本容量的测试集精度一样，因此它提供了一个内部误差估计，从而可以理解分类精度和如何提高精度。

（二）随机森林模型的优缺点

随机森林模型相对于其他基于集成学习的方法非常有竞争力，在许多竞赛中具有核心优势。它易于使用，并且不容易产生过拟合现象。下面详细列出几个在模型选择时很有利的优点：

1. 随机森林模型是对于大多数问题都有效的通用模型。在多个领域都得到了广泛的应用，并且在表现上都很有效。尤其在生物生态领域，经过研究表明，随机森林算法确有较大优势。

2. 可以处理噪声和缺失值。因为随机森林算法是结合了 Bagging 方法和随机特征变量选择的优点，所以数据中的异常值对结果影响会很小。

3. 只选择重要的变量。适合高维输入变量的特征选择，不需要提前对变量进行筛选。

4. 对数据集要求较低，可以适用于特征数目或者样本量极大的情况。随机森林算法是将全能型和很强的能力结合到单一的机器学习方法中，只需要使用全体特征集中的一部分随机样本构建弱的学习器，然后再集成得到较好的分类结果。

5. 可以很好地处理两个或两个以上分类的问题。

6. 可以适用于特征数目或者样本量极大的情况。

当然，任何算法都有它的不足和局限性，随机森林算法也不例外，其局限性主要表现为两个方面：一方面是与决策树不同，由于随机森林模型是一种集成学习，所以通常不容易解释；另一方式是可能需要花费较多的时间使得模型符合数据，这样才能达到预期的效果。

三、逻辑回归模型

在统计学中，最常用的统计分析方法是线性回归分析，但是在许多领域研究中当因变量不是连续变量而是分类变量时，线性回归分析就会受到限制。为了解决这个问题，学者们提出对数线性模型的统计方法，而逻辑回归分析就是对数线性模型的一种形式。

（一）逻辑回归模型原理

对于一系列有两个结果的随机试验，最为简单的概率方法是伯努利（Bernoulli）实验，以及对应的伯努力分布，它是假设成功的概率是 p，失败的概率是 $1-p$，二项分布就是根据多次的伯努利重复实验推导出来的。在实际生活中，可能会有各种不同的因素影响实验的结果，那么成功和失败的概率就会有所不同，这时可以把这个看作是一些变量的函数。假设这些变量用 X 表示，那么这个函数形式可以写作：

$$\ln \frac{p}{1-p} = X^T\beta \quad \text{或者} \quad p = \frac{\exp(X^T\beta)}{1+\exp(X^T\beta)} \tag{4.4}$$

其中，β 是待估计的系数向量。这里 $\ln(\cdot)$ 称为连接函数，由于这个函数称为 logit 函数，所以这个模型称为逻辑回归（Logistic regression）模型，也是广义线性模型的一种。

在模型建好以后，参数估计也是统计分析中最为重要的一环。线性回归分析时常选择的参数估计方法主要是最小二乘法（OLS），是根据观测值与估计值之间的离差平方和最小原则估计系数的。然而在逻辑回归中 p 值与回归系数之间是非线性的关系，所以采用 OLS 估计是不适合的。但是在统计里有一种估计方法既适合线性估计又适合非线性估计，它就是最大似然估计，因此逻辑回归模型的参数估计主要采用的是最大似然估计。它是在参数估计前，通过建立似然函数可以使模型以最大概率再现样本观测值。

本书所提到的逻辑回归模型是通过 R 语言中的广义线性模型（GLM）的 glm() 函数实现的，那么其基本原理是基于指数分布族的性质实现的，其具体表示形式如下：

$$P(y;\eta) = b(y) \cdot \exp(\eta^T T(y) - a(\eta)) \tag{4.5}$$

式中：η 表示自然参数向量；$T(y)$ 是充分统计量，通常令 $T(y) = y$。

构造逻辑回归模型，需要以三个假设为基础：

（1）给定特征属性 x 和参数 θ，y 的条件概率 $P(y \mid x;\theta)$ 服从指数分布族，即 $\{y \mid x;\theta \sim \mathrm{ExpFamily}(\eta)\}$。

（2）预测 $T(y)$ 的期望，即计算 $E[T(y) \mid x]$。

（3）η 和 X 之间是线性的，即 $\eta = \theta^T X$。

逻辑回归模型与线性回归相比做了如下推广：

（1）变量的选择范围变大，既可以是连续变量，又可以是离散变量。离散变量可以是 0 和 1 两种类别，也可以包含多个类别的变量。

（2）随机误差服从二项分布、负二项分布、正态分布、伽马分布、逆高斯分布等，统称为指数分布族。

（3）引入连接函数 $g(\cdot)$，建立因变量与自变量之间的非线性关系，连接函数满足单调性、可导性。常用的连接函数有 $Y = X^T\beta$（恒等式）、$Y = (X^T\beta)^k$（幂函数）、$\ln\dfrac{y}{1-y} = X^T\beta$（逻辑回归）等。

众所周知，逻辑回归常用于解决二分类问题，比如事件发生为 1，不发生为 0。现实生活中也有很多分类问题，接收邮件的分类问题，垃圾邮件标记为 0、个人邮件标记为 1、工作邮件标记为 2 等。逻辑回归模型也提供非常实用的推广，这里就不再赘述多分类方法。

（二）逻辑回归模型的优缺点

逻辑回归模型是一种非常简单、高效的算法，是在机器学习方法中应用最广泛的一种方法，主要特点表现为：

1. 不仅可以应用于概率预测，也可以用于分类。机器学习方法中用于可能性的概率预测的既简单又好用的方法就是逻辑回归，以及基于广义线性模型推广出来的其他方法。对事件发生的可能性做概率预测的优点是预测的结果具有可比性,比如,在贫困程度的度量时,可以根据预测的概率值划分若干区域,将贫困程度分为几个等级,然后再根据不同等级的家庭实施相应的扶贫措施。

2. 只能用于线性问题的解决,并且自变量之间不能存在强的相关性。与支持向量机(SVM)可以用于非线性问题的解决不同,逻辑回归只能用于解决线性关系的问题。在使用逻辑回归模型时常常要注意两点:一是在使用逻辑回归时注意选择与因变量呈现线性关系的自变量,并且自变量之间不能有太强的相关性;二是预先知道需要的模型是非线性时,一般不使用逻辑回归方法。

四、人工神经网络模型

人工神经网络(Artificial Neural Network,ANN)是对一组输入信号和一组输出信号之间的关系建模,这种模型是源于人类大脑对外界的刺激是如何反应的理解。就像大脑使用一个称为神经元的相互链接的细胞网络来创建一个巨大的并行处理器一样,人工神经网络是使用人工神经元或者节点的网络来解决学习问题。

基本的神经网络的历史已经超过了50年,但由于其模型结构复杂,训练时需要大量的计算和数据资源,所以直到近几年,随着计算机的功能变得越来越强大,人工神经网络才在实际问题中得到广泛应用,比如:天气和气候模式,拉伸强度,流体力学,许多其他科学、社会和经济现象的复杂模型。从广义上讲,人工神经网络可以应用于几乎所有的学习任务:分类、数值预测,甚至无监督的模式识别。

(一)人工神经网络的工作原理

神经网络一般有输入层、隐藏层和输出层组成,一个神经网络可以有多个输入和多个输出,即自变量和因变量都可以有很多,隐藏层由若干节点组成,也可以有多层,隐藏层内的节点可多可少,太多可能导致过拟合,太少则可能拟合不好。神经网络的原理是将上一层的节点值加权平均送到下一层的节点,最终到输出层,然后根据误差大小反馈回前面的层,再重新加权平均,如此反复训练,直到误差在允许的范围内停止训练,带有一个隐藏层的神经网络通常是下面的表现形式:

$$y_j = f^* \left(\sum_k w_{kj} z_{jk} + w_{0j} \right)$$

$$y_j = f^* \left\{ \sum_k w_{kj} \left[f\left(\sum_i w_{ik} x_i + w_{0k} \right) \right] + w_{0j} \right\} \quad (4.6)$$

式中:w_{ik} 表示自变量 x_i 在隐藏层第 k 个节点的权重;w_{kj} 是隐藏层第 k 个节点对于第 j 个因变量的权重;z_k 是隐藏层第 k 个节点的值。

这里的 f 和 f^* 称为激活函数。常用的激活函数有 S 型函数，即 $f(x) = \frac{1}{1 + \exp(-x)}$，单位跳跃激活函数，即 $f(x) = \begin{cases} 0 & x < 0 \\ 1 & x \geq 0 \end{cases}$。

由以上定义可知，神经网络的层数、信息传播的方向和每一层的节点数，都会使一个神经网络的复杂性发生变化，从而影响预测的能力和结果。在应用中选择的是前馈神经网络，即输入信号在一个方向上从上一层节点到下一层节点连续传递，直到输出层输出。输入节点的个数可以由输入数据特征的数量预先确定，输出节点的个数由需要进行建模的结果或者结果中的分类水平数预先确定。然而，隐藏节点数则需要使用者在训练模型之前自行确定。

这里阐述的是 R 语言中的 nnet () 函数实现的神经网络分类，在 R 语言中提供了一个很好的函数 train ()，可以根据数据集的特征自动寻找合适的隐藏层节点数和权重衰减参数。

神经网络训练通常用一种误差反向传播的方法。虽然相对于其他的机器学习算法，反向传播算法还是很慢，但是该算法使得神经网络训练成为可能。误差反向传播训练是利用每一个神经元的激活函数的导数来确定每一个输入的权重方向上的梯度，因此，有一个可微的激活函数很重要，梯度将会因为权重的改变而表明误差是如何急剧下降或者增加的。该算法试图通过一个称为学习率的量来改变权重来使得误差最大化的减小。学习率越大，梯度下降的就越快；反之，梯度下降的也会越慢。虽然这个过程看起来很复杂，但是在实践应用中很容易，让我们把前馈神经网络应用到现实世界的问题中。

（二）人工神经网络的优缺点

在实际应用中，人工神经网络表现的优点和缺点一样突出（见表 4-2），但是即使这样，仍然得到人们的极大兴趣，在很大领域得以应用。

表 4-2　　　　　　　　　　人工神经网络的优缺点

优点	缺点
1. 适用于分类和数值预测问题	1. 计算量大，训练缓慢，特别是在网络拓扑结构复杂的情况下
2. 属于最精确的建模方法	2. 很容易过拟合或者不充分拟合训练数据
3. 对数据的基本关系几乎不需要做出假设	3. 如果不是不可能，复杂黑箱模型的结果很难解释

本书主要是应用人工神经网络模型的不需要对数据做预先处理的优点，并且可以有与逻辑回归模型一样的概率预测值；从分类结果来看，这样做确实要优于逻辑回归方法，由此可以看出对于解决贫困户识别问题是一个较为有潜力的方法。

五、模型的评价与选择

通过对决策树模型、随机森林模型、逻辑回归模型和人工神经网络模型等数据挖掘方法的基本原理、基本特征进行阐述和对比，可以发现这4种方法各自具有相应的优点和局限性，并由此决定了应用的领域各不相同；选择和应用这些方法的标准除了取决于各自的特点以外，还与研究数据的特征、研究目的等高度相关。本书研究数据的基本特征是样本容量较大，大部分变量偏向于离散型变量，且变量的数量较多，倾向于高维数据，变量之间的关系复杂多样；研究目的在于预测不同贫困标准情景下贫困人口的绝对水平和相对水平。根据这些研究需要结合决策树模型、随机森林模型、逻辑回归模型和人工神经网络模型的特点，本书认为相对于决策树模型在根据具有大量水平的特征进行划分时往往是有偏的，相对于随机森林模型在建模时需要数据与模型高度匹配，相对于逻辑回归模型需要保证自变量与因变量之间存在线性关系等局限性，经过综合考量最终选择人工神经网络作为基于生活质量视角的贫困测算模型。

第三节 基于人工神经网络算法的农村贫困识别模型

数据挖掘技术是对一组数据应用一种数据挖掘策略，而一个特定的数据挖掘技术是由一个算法和一个相关的知识结构组成的。数据挖掘技术主要包括决策树、产生式规则、神经网络和统计回归等方法；其中决策树和产生式规则虽然形式不同，但两者可以相互转换，而且适用于输入属性较少的情况，统计回归适用于一个或多个输入属性与一个数值型输出属性的情况，主要用于研究因果关系的问题。因此通过对不同数据挖掘方法进行比较，并根据农村居民生活质量评价指标体系的特点，本书主要选择神经网络的数据挖掘方法对农村贫困问题进行研究。

一、人工神经网络的基本原理

人工神经网络是一种基于连接机制的人工智能技术。它试图从微观上解决人类认知功能，以探索认知过程的微结构，并在网络层次上模拟人类的思维方式和组织形式。它通过合理的样本训练、学习专家的经验、模拟专家的行为，并通过引入非线性转换函数来求解各种复杂的非线性问题，从而使 ANN 具有很强的模式识别能力，可克服传统模式识别方法或一般算法在求解问题、处理数据时存在决策界面统计不出或不准确的现象。

由于 ANN 具有学习、联想、自组织、记忆和容错等功能，这不仅可避开建立复杂的数学模型和进行烦琐的数学推理，而且对信息不完全的数据（资料）进行 ANN 模型训练和处理，较之采用常规方法往往能获得良好的结果。ANN 作为模拟人的智能和形象思维能力的一条重要途径和方法，在模式识别、信号处理、自动控制等领域获得应用取得显著成效，并在非线性建模和非线性问题求解方面有着广阔的应用前景。

人工神经网络表现为多种形状和格式，既可以为有指导学习，又可以为无指导聚类构造人工神经网络，其中前馈网络是常用的有指导学习模型。全连接前馈神经网络通常由三个部分组成，分别是输入层、隐藏层和输出层；网络是全连接的，是因为每一层上的结点和它下一层的所有节点都相连，而且每个网络节点的连接具有相关的权重，但网络体系结构中的同层节点之间不相连；对于前馈网络，一个独立实例的输入属性值输入到输入层，直接到达网络结构的输出层，输出层可能包含一个或多个节点；输入到神经网络的属性值都是数值型的，神经网络输出的结果也是数值型的。

人工神经网络的运行有两个阶段。第 1 阶段为学习阶段，在网络学习期间，与每个实例相关联的输入值在输入层进入网络，对于包含在数据中的每个输入属性都有一个输入层节点。神经网络根据输入值并结合网络连接权重计算每个实例的输出，输出的结果可能会有一个或多个不同的值。将每个实例的输出和期望的网络输出进行对比，任何期望值和计算输出之间的误差将通过修改连接权重传回网络；当达到一定的迭代次数后，或当网络收敛到一个预定的最低错误率时，训练终止。第 2 阶段是评价阶段，根据固定的网络权重，运用人工神经网络计算新实例的输出值。

反向传播算法是训练前馈网络最常用的方法，它假定计算值与期望值之间的误差某种程度上是与输出结点相关的那些网络连接的过错；由此输出结果的误差被反向传播到网络中，并从输出层开始修改权重，然后反向移动到隐层；每个连接权重的修改量与网络输出结果、各个节点的输出值和 S 型函数的导数有关；假设进行充分迭代，反向学习技术一定收敛。

二、农村居民生活质量人工神经网络模型的构建

（一）数据准备

农村居民生活质量评价指标体系主要包括收入消费与经济环境子系统、公共服务与设施供给子系统、教育与文化子系统、医疗健康与卫生子系统、农业生产子系统、家庭生活子系统、环境子系统7个方面合计35个指标，这些指标均为人工神经网络的输入属性。在这些指标中，本年度外出从业实际得到的收入、本年度外出从业生活消费总支出和年末借贷款余额等指标的属性值为定量数据，其他指标的属性值均为定性数据。根据人工神经网络对输入属性取值范围是数字且落在[0，1]闭区间内的要求，需要对定量数据和定性数的数据格式分别进行变换。

对于定量数据而言，要使变换后落在[0，1]闭区间内，采用极值处理法即可满足要求。

$$x_{ij}^* = \frac{x_{ij} - m_j}{M_j - m_j}$$

式中：$M_j = \max_i \{x_{ij}\}$，$M_j = \min_i \{x_{ij}\}$，$x_{ij}^* \in [0，1]$，最大值为1，最小值为0。

本年度外出从业实际得到的收入、本年度外出从业生活消费总支出是正指标，可以直接使用极值处理法进行变换；而年末借贷款余额是逆指标，需要首先进行指标类型一致化后，再运用极值处理法进行变换。

对于定性数据而言，可以分为定类数据和定序数据两种情况。其中：定类数据向数值数据的变化技术通过使用额外的输入节点实现，即[0，0]，[0，1]，[1，0]，[1，1]的格式；主要适用的指标有本年度家庭重大事项发生情况、农村最低生活保障享受情况、医疗保险参加情况、有线电视信号覆盖情况、文化活动室拥有情况、就医状况、残疾状况、健康状况、小型农用拖拉机拥有情况、收割机拥有情况、脱粒机拥有情况、农业生产性固定资产投资资金来源、婚姻状况、饮水使用前消毒情况、洗澡设施、主要取暖用能源状况、主要饮用能源状况、耐用消费品拥有情况、村务会议参与情况、村级公共事务建议情况、垃圾集中处理情况、主要遭遇的自然灾害情况等。

定序数据向数值数据的变化方法通过对各指标按照衡量和反映生活质量水平由低到高的顺序从0向1进行赋值来实现，主要适用的指标有住宅外道路路面情况、管道供水情况、主要饮用水来源情况、获取饮用水存在困难的情况、上学的便利程度、受教育程度、房屋主要建筑材料、厕所类型、厕所使用情况等。

（二）全连接的前馈神经网络模型

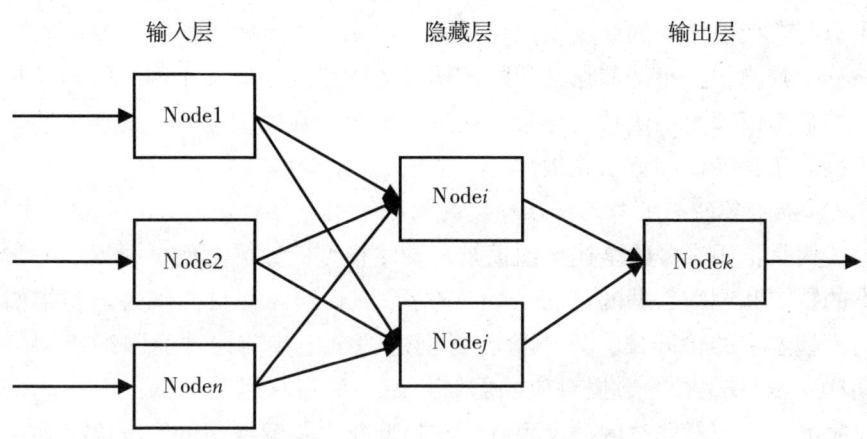

图 4-1　全连接的前馈神经网络

农村居民生活质量全连接前馈神经网络模型由三个部分构成：第一部分是输入层，输入层节点的个数取决于输入属性的个数；对于定量数据和定序数据对应的评价指标来说，由于数据是连续型的，因此这些指标的个数就等于输入层节点的个数；对于定类数据对应的评价指标来说，由于数据的格式为 [0，0]、[0，1]、[1，0]、[1，1] 等模式，因此需要额外增加输入节点，增加的输入节点个数取决于定类数据对应的指标个数和各指标的取值可能。第二部分是隐藏层，根据隐藏层的特征，该模型设定隐藏层的层数为 2 个，并且都是单结点，即隐藏层由两个节点组成；隐藏层各节点使用的评估函数为 S 型函数，该函数满足两个标准，一是函数的输出值为 [0，1]，二是函数在充分活跃时，输出值接近于 1。第三部分是输出层，为了方便判断和评价输出结果，将该模型输出层结点数设定为 1 个，输出值为 [0，1]；根据各输入属性的含义和特点，设定输出值越接近于 1 表明农村居民的生活质量越高，输出值越接近于 0 表明农村居民的生活质量越低；并根据训练集的学习情况和检验集的检验情况，确定农村贫困居民的输出临界值，以用于对未知实例进行评价和分类。

（三）训练集的确定与网络拓扑参数的估计

训练集是指用来创建全连接前馈神经网络模型的数据实例。根据农村贫困监测调查的特点和调查数据的可获得性，选择 2000 例调查数据作为全连接的前馈神经网络模型学习的训练集，这 2000 例训练数据对应的居民家庭生活质量是已知的,而且既包括贫困居民家庭,也包括非贫困居民家庭。

根据训练集通过全连接前馈神经网络模型的输出结果,运用反向传播算法,将输出值与期望值之间的误差反向传播到网络中,并从输出层开始修改权重,然后反向移动到隐层;每个节点之间的连接权重的修改量取决于网络输出结果、各个节点的输出值和S型函数的导数;在进行充分迭代的情况下,全连接前馈神经网络模型的拓扑参数趋近于收敛。

(四)检验集的确定与网络准确度的检验

检验集是指用来检验全连接前馈神经网络模型的数据实例。根据农村贫困监测调查的特点和调查数据的可获得性,选择1000例调查数据作为全连接前馈神经网络模型学习的检验集,用于检验所创建的全连接前馈神经网络模型的准确性;同样这1000例检验数据对应的居民家庭生活质量是已知的,而且既包括贫困居民家庭,也包括非贫困居民家庭。在检验集上检验网络的准确度,如果准确度高于95%,则表明1000例实例中有950例可以被判断准确,准确度是比较理想的;如果准确度偏低,准确度不够理想,则需要改变一个或多个网络拓扑参数,重新创建全连接前馈神经网络模型。

(五)农村居民生活质量的评价

对于通过检验集检验的农村居民生活质量全连接前馈神经网络模型,则可以用于农村居民生活质量的评价。网络输出结果的设定表明,输出值越接近于1表明农村居民的生活质量越高,输出值越接近于0表明农村居民的生活质量越低。根据生活质量对应的农村贫困临界值,确定未知农村居民家庭中哪些是贫困居民家庭。

第五章　普通农户生产生活特征研究

对农村贫困问题进行研究，必不可少的是要对农民生产生活特征有所了解。本章主要结合第三次全国农业普查结果，首先对甘肃省普通农户生产生活特征进行分析研究。普通农户是指中华人民共和国境内在农业用地和单独设施中从事农作物种植业、林业、畜牧业、渔业以及为本户之外提供农林牧渔服务的住户，且农业经营规模较小。本章主要从普通农户基本特征、生活特征及生产特征三个方面进行分析，其中，农户基本特征包括性别比状况、婚姻状况、受教育程度、在校学生状况、离开本乡镇状况、从事农业生产时间、从事农业行业类型、农业技术培训状况、从事非农产业状况、空巢老人状况；农户生活特征包括居住状况、信息化；农户生产特征包括土地流转情况、牧草地（草场）状况、参加农业保险状况等。采用的研究方法主要有描述统计和方差分析。

第一节　基本特征

第三次全国农业普查首次对规模农业经营户和普通农户进行区别普查，可见其之间存在着不同的特征。本节分析普通农户基本状况，有助于对普通农户的特征进行总体把握，为后续的分析研究奠定基础。

一、性别比状况

本次农业普查普通农户466.56万户、1904.58万人。从性别比来看，男性占51.9%，女性占48.1%；从年龄分布来看，1~15岁占19.0%，16~44岁占48.2%，45~59岁占26.3%，60岁以上占6.5%。截至2017年末，中国大陆总人口性别比为104.81（以女性为100），从各市州来看，甘南州人口性别比为100.13，低于我国总人口性别比，其他市州性别比均高于我国总人口性别比；其中，金昌市、武威市、庆阳市人口性别比最高，分别为116.50、112.52、112.90，其他市州人口性别比均处于104.81~110。由此可知，甘肃省普通农户

二、婚姻状况

农业普查结果表明，未婚人群占 34.9%，有配偶占 58.8%，离婚人群占 1.1%，丧偶人群占 5.2%；从各市州来看，甘南州未婚人群占比最高，为 38.6%，其次是白银市和天水市，分别为 37.6% 和 37.2%；甘南州离婚人群占比最高，为 1.8%，其余市州均为 1% 左右；甘南州有配偶占比最低，为 53.3%，其他市州占比均为 60% 左右；甘南州丧偶人群占比最高，为 6.3%，其他市州占比均为 5% 左右；由此可以看出，甘南州的普通农户婚姻状况不容乐观（见图 5-1）。

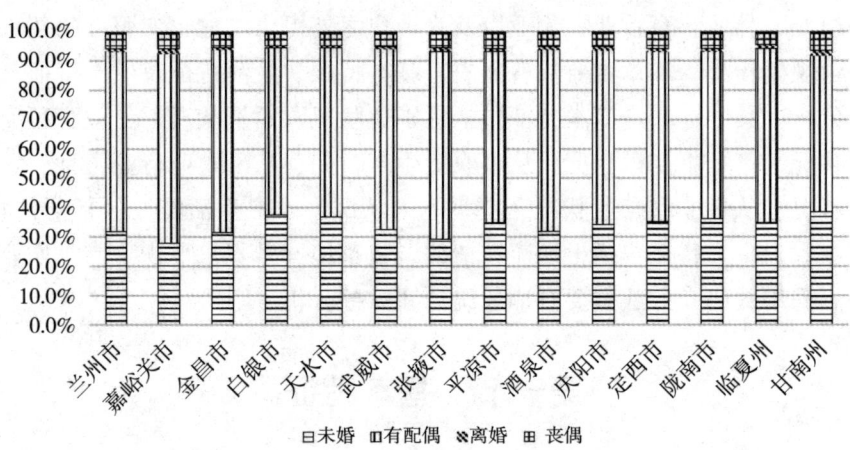

图 5-1　普通农户婚姻状况

为准确了解各市州婚姻状况之间是否存在差异，对各市州婚姻状况进行方差分析，如表 5-1 所示。

表 5-1　婚姻状况的方差分析

	平方和	df	均方	F	显著性
组间	2.190	13	0.168	3.406	0.000
组内	24.237	490	0.049		
总数	26.428	503			

由表 5-1 可知，F 值为 3.406，$p<0.05$，达到 0.05 的显著水平，说明至少有一个市州的婚姻状况与其他市州有明显的区别，也有可能 14 个市州之间存在显著的差别。所以进行各市州婚姻状况的多重比较，结果如表 5-2 所示。

表 5-2　　　　　　　　　　婚姻状况的多重比较

(I) 市州	(J) 市州	均值差 (I-J)	标准误	显著性	95% 置信区间 下限	95% 置信区间 上限
兰州市	嘉峪关市	0.209*	0.052	0.000	0.106	0.312
	武威市	0.125*	0.052	0.017	0.022	0.228
嘉峪关市	白银市	-0.111*	0.052	0.035	-0.214	-0.008
	天水市	-0.167*	0.052	0.002	-0.270	-0.064
	张掖市	-0.139*	0.052	0.008	-0.242	-0.036
	酒泉市	-0.194*	0.052	0.000	-0.297	-0.091
	平凉市	-0.167*	0.052	0.002	-0.270	-0.064
	庆阳市	-0.194*	0.052	0.000	-0.297	-0.091
	定西市	-0.167*	0.052	0.002	-0.270	-0.064
	陇南市	-0.222*	0.052	0.000	-0.325	-0.119
	临夏州	-0.194*	0.052	0.000	-0.297	-0.091
	甘南州	-0.194*	0.052	0.000	-0.297	-0.091
金昌市	天水市	-0.139*	0.052	0.008	-0.242	-0.036
	张掖市	-0.111*	0.052	0.035	-0.214	-0.008
	酒泉市	-0.167*	0.052	0.002	-0.270	-0.064
	平凉市	-0.139*	0.052	0.008	-0.242	-0.036
	庆阳市	-0.167*	0.052	0.002	-0.270	-0.064
	定西市	-0.139*	0.052	0.008	-0.242	-0.036
	陇南市	-0.194*	0.052	0.000	-0.297	-0.091
	临夏州	-0.167*	0.052	0.002	-0.270	-0.064
	甘南州	-0.167*	0.052	0.002	-0.270	-0.064
	庆阳市	-0.111*	0.052	0.035	-0.214	-0.008
	陇南市	-0.139*	0.052	0.008	-0.242	-0.036
	临夏州	-0.111*	0.052	0.035	-0.214	-0.008
	甘南州	-0.111*	0.052	0.035	-0.214	-0.008
陇南市	白银市	0.111*	0.052	0.035	0.008	0.214

* 均值差的显著性水平为 0.05（由于篇幅有限，只保留 $p<0.05$ 的市州数据）

兰州市分别和嘉峪关市、武威市之间存在差异，具体表现为：兰州市农户未婚率高于嘉峪关市约4%，嘉峪关市农户有配偶率高于兰州市农户约4%；武威市农户有配偶率高于兰州市约3%，而丧偶率低于兰州市农户约2%。

嘉峪关市分别和白银市、天水市、张掖市、酒泉市、平凉市、庆阳市、定西市、陇南市、临夏州、甘南州之间存在差异，具体表现为：白银市农户未婚率高于嘉峪关市农户约10%，有配偶率低于嘉峪关市农户约10%，离婚率、丧偶率均低于兰州市农户约2%；天水市农户未婚率约高于嘉峪关市农户10%，有配偶率低于嘉峪关市农户约7%；张掖市农户未婚率高于嘉峪关市农户约3%；酒泉市农户未婚率高于嘉峪关市农户约5%，有配偶率低于嘉峪关市农户约4%；庆阳市、定西市、陇南市、平凉市农户未婚率高于嘉峪关市农户约7%，有配偶率低于嘉峪关市农户约6%；临夏州农户未婚率高于嘉峪关市农户约8%，有配偶率农户低于嘉峪关市农户约6%，丧偶率农户高于嘉峪关市农户约3%；甘南州农户未婚率高于嘉峪关市农户约10%，有配偶率低于嘉峪关市农户约8%。

金昌市分别和天水市、张掖市、平凉市、庆阳市、定西市、陇南市、临夏州、甘南州之间存在差异，具体表现为：天水市、张掖市农户未婚率高于金昌市农户约5%，有配偶率低于金昌市农户约5%；平凉市、定西市、庆阳市、陇南市农户未婚率高于金昌市农户约3%，有配偶率低于金昌市农户约4%；农户未婚率高于嘉峪关市农户约3%，有配偶率低于嘉峪关市农户约4%；临夏州农户未婚率高于金昌市约3%，有配偶率低于金昌市农户约4%；甘南州农户未婚率高于金昌市农户约7%，有配偶率低于金昌市农户约10%，丧偶率高于金昌市农户约2%。

武威市分别和庆阳市、陇南市、临夏州、甘南州之间存在差异，具体表现为：甘南州农户未婚率高于武威市农户约7%，有配偶率低于武威市农户约4%，离婚率高于约2%；庆阳市、陇南市农户未婚率高于武威市农户约3%，有配偶率低于武威市农户约4%；临夏州农户未婚率高于武威市农户约3%，有配偶率低于武威市农户约5%，丧偶率高于武威市农户约2%。

白银市和陇南市之间存在差异，具体表现为：白银市户未婚率高于陇南市农户约3%，丧偶率低于陇南市农户约2%。

三、文化程度状况

从全省来看，未上过学的农户占15.8%，小学学历占38.5%，初中学历占31.6%，高中或中专学历占9.6%，大专及以上学历占4.5%。从各市州来看，在未上过学农户中，临夏州占比最大，为25.5%，其次是陇南市，占比20.9%，占比最小的是嘉峪关市为10.2%;在拥有小学学历的农户中,甘南州占比最大,为59.5%,其次是临夏州为50.9%,定西市和陇南市为40%,其他市州均占30%左右;在初中学历的农户中,嘉峪关市占比最大,为41.5%,其次是兰州市为39.8%,甘南州占比最小,为12.7%,其次是临夏州,占比16.8%;白银市农户高中或中专学历占比最大,为17.2%,占比最小的是甘南州为4.9%,临夏州为5.1%,其他市州均为10%左右;在大专及以上学历中,白银市农户占比最大,为9.4%,其次是金昌市为9.0%,占比最小的是临夏州,占比1.9%(见图5-2)。

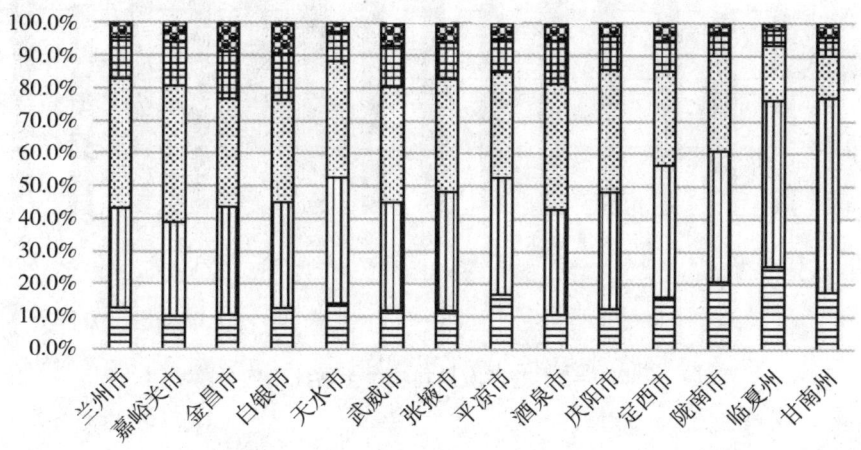

图 5-2　受教育程度占比情况

由此可以看出,在普通农户中,小学和初中学历人数最多,大专及以上学历人数最少;临夏州农户受教育程度普遍较低;白银市农户中高中以上学历较多;甘南州农户中,初中以下学历农户占比为77.1%,说明甘南州农户文化程度普遍不高;嘉峪关市农户中初中及其以上学历占比最大,为62.2%,在全省最高,其次是兰州市、酒泉市、金昌市,占比均为55%以上。

四、农村在校学生占比情况

在校生占比是指一个地区所有在校生数量和该地区总人口的比值。普通农户在校生占比即一个地区普通农户中上学总人数与该地区总人口的比值。从全省来看,普通农户中在校学生占比为17.6%,非在校学生占比为82.4%。从各市州来看,甘南州在校生占比最高,为22.1%,其次是白银市,为20.2%,在校生占比最小的是兰州市,为14.8%,其他市州在校生占比均在15%~20%之间。说明各市州普通农户在校生结构中,甘南州处于上学阶段的人群比例最高,兰州市比例最低(见图5-3)。

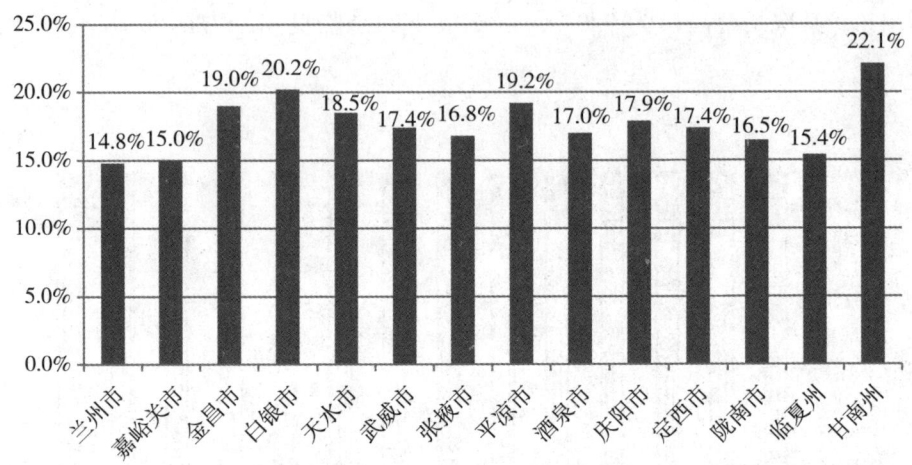

图5-3 普通农户在校学生占比情况

五、农户外出务工状况

现阶段我国存在着农闲时农民外出务工的现象,外出务工时间也有长有短。从全省来看,从事农业生产的普通农户中离开本乡镇6个月及以上的占16.6%,未离开本乡镇6个月及以上的占83.4%。从各市州来看,离开本乡镇6个月及以上的农户占比中,庆阳市占比最大,为19.6%;其次是陇南市和金昌市,分别为19.2%和19.0%,占比最小的是甘南州,为6.4%,其他市州占比均在10%以上;这表明庆阳市从事农业生产的普通农户相对于其他市州的普通农户更倾向于外出务工且务工时间较长,而甘南州从事农业生产的普通农户不太倾向于外出较长时间,这可能与其从事的农业生产活动类型有较大关系。

六、从事农业生产天数状况

从全省来看,从事农业生产的农户占51.3%。其中从事时间为1~14天的占

6.9%，从事时间为 15~29 天的占 5.7%，从事时间为 30 天以上的占 87.4%，可见在从事农业生产的农户中，从事农业时间大多数都在 30 天以上。从各市州来看，从事农业生产时间在 30 天以上的普通农户中，酒泉市占比最大，为 94.1%；其次是嘉峪关市和武威市占比为 93%，定西市和张掖市占比为 91%，白银市和庆阳市占比为 90%，平凉市和天水市占比为 87%，甘南州、兰州市、金昌市和陇南市占比为 84%，占比最小的是临夏州，为 79.7%。

七、从事农业生产类型状况

农户从事的农业类型中，有主要和次要之分。在主要从事农业行业类型中，种植业占 96.7%，林业占 1.4%，畜牧业占 1.7%，农林牧渔服务业占 0.2%；从各市州来看，除了金昌市和甘南州主要从事种植业的农户占比为 80%，其他行政区占比均在 90% 以上；说明在主要从事农业行业类型中，农户以种植业为主，少数农户从事畜牧业、林业和农林牧渔服务业。其中，甘南州农户主要从事畜牧业的占比最大，将近 20%；金昌市主要从事农林牧渔服务业的占比最大，将近 10%；嘉峪关市主要从事林业的农户占比最大，为 3.7%（见表 5-3）。

表 5-3　　　　　普通农户主要从事农业行业类型占比情况　　　　　　（%）

	种植业	林业	畜牧业	渔业	农林牧渔服务业
兰州市	97.4	1.7	0.9	0.0	0.0
嘉峪关市	93.0	3.7	3.2	0.0	0.1
金昌市	83.8	0.5	5.1	0.0	10.6
白银市	97.3	1.4	1.2	0.0	0.1
天水市	98.3	1.2	0.4	0.0	0.0
武威市	96.7	0.2	3.0	0.0	0.0
张掖市	90.0	2.8	5.4	0.0	1.8
平凉市	97.5	1.9	0.5	0.0	0.2
酒泉市	96.4	1.3	2.0	0.0	0.3
庆阳市	97.6	1.5	0.8	0.0	0.1
定西市	97.3	1.8	0.7	0.0	0.1
陇南市	97.8	1.6	0.6	0.0	0.1
临夏州	98.5	0.7	0.8	0.0	0.0
甘南州	78.8	1.4	19.8	0.0	0.0

表5-4为各市州普通农户次要从事农业行业类型占比情况。在次要从事农业行业类型中，种植业占0.8%，林业占18.3%，畜牧业占26.4%，农林牧渔服务业占0.7%，53.7%的农户没有次要从事的农业类型，说明一半以上的农户没有考虑过次要从事的农业类型。从各市州来看，在没有次要从事种植业的农户中，兰州市占比最大，为85.5%，酒泉市占比最小，为35.9%。在排除没有考虑过次要从事的农业类型后，兰州市、白银市、天水市、平凉市、庆阳市、定西市、陇南市、甘南州大部分农户会选择畜牧业和林业，嘉峪关市、金昌市、武威市、张掖市、酒泉市、临夏州大部分农户会选择畜牧业。

表5-4　　　　　　　普通农户次要从事农业行业类型占比情况　　　　　　　（%）

	种植业	林业	畜牧业	渔业	农林牧渔服务业
兰州市	0.3	5.6	7.8	0.0	0.7
嘉峪关市	0.0	6.9	49.3	0.0	0.2
金昌市	0.2	1.7	31.4	0.1	6.6
白银市	0.4	14.7	28.0	0.0	0.7
天水市	0.4	25.1	17.6	0.0	0.7
武威市	1.4	2.9	53.3	0.0	1.7
张掖市	1.4	4.7	34.8	0.0	2.5
平凉市	0.6	41.3	19.1	0.0	0.5
酒泉市	0.3	6.8	55.3	0.0	1.7
庆阳市	0.5	24.3	31.1	0.0	1.2
定西市	0.4	17.1	23.6	0.0	0.2
陇南市	0.4	23.8	13.4	0.0	0.1
临夏州	0.5	5.0	33.6	0.0	0.1
甘南州	8.5	17.3	32.2	0.0	0.1

八、接受农业技术培训状况

农户参加农业技术培训，有利于其更好地了解农作物或牲畜的习性，掌握培育、饲养技巧，使得我国第一产业得到更好的发展，农民收入有所增加。从全省来看，接受过农业技术培训的占15.9%，没有接受过农业技术培训的占84.1%；从各市州来看，接受过农业技术培训的农户比例排名前三名的是酒泉市、张掖市、庆阳市，占比分别是 38.2%、26.5%、25.0%；占比最小的是甘南州，为 3.5%。可以看出，接受过农业技术培训的占比较低，即使是排前三名的市州，占比也不及一半。所以，应加强农户的农业技术培训，使农户掌握更多的农业知识。

九、从事非农产业状况

从全省来看，从事农业的占 69.5%，从事非农业的占 30.5%；其中雇主占 0.9%，自营者占 8.2%，务工者占 81.4%，公职者占 1.7%，其他行业从事者占 7.9%，说明大部分农户从事非农业活动会选择外出务工。从各市州来看，嘉峪关市从事雇主行业占比最大，为 1.4%；酒泉市从事自营行业的占比最大，为 13.9%，占比最小的是甘南州，为 6.0%；武威市从事务工的农户占比最大，为 88.7%，占比最小为兰州市，为 77.5%；酒泉市从事公职的农户占比最大，为 2.8%；甘南州从事其他的农户占比最大，为 13.3%（见表 5-5）。

表 5-5　　　　　　　普通农户从事非农产业占比状况　　　　　　　（%）

	雇主	自营	务工	公职	其他
兰州市	0.6	9.8	77.5	2.1	9.9
嘉峪关市	1.4	12.0	83.8	2.3	0.5
金昌市	0.5	7.8	81.4	1.8	8.5
白银市	0.7	6.5	82.8	2.7	7.3
天水市	1.2	7.9	85.8	1.0	4.1
武威市	0.7	4.7	88.7	1.3	4.6
张掖市	1.1	9.7	82.3	2.0	5.0
平凉市	0.7	7.1	85.2	1.3	5.7
酒泉市	1.3	13.9	77.8	2.8	4.2
庆阳市	1.1	10.6	81.6	1.6	5.2
定西市	0.5	7.3	77.3	1.9	13.0
陇南市	0.9	8.4	76.9	1.6	12.2
临夏州	0.9	8.5	78.5	1.9	10.2
甘南州	1.2	6.0	77.8	1.7	13.3

十、空巢老人情况

我国面临巨大的养老压力，具体表现就是空巢老人比例高。来自2012年民政部的数据显示，目前中国农村留守老年人口约4000万人，占农村老年人口的37%。从甘肃省来看，空巢老人占17.2%，非空巢老人占82.8%。从各市州来看，空巢老人占比排前三的市州是兰州市、武威市、酒泉市，分别占22.0%、20.8%、19.4%；占比最小的是甘南州，为5.5%，可以看出少数民族地区农村空巢老人占比较低。

第二节　生活特征分析

对普通农户的基本情况有所了解之后，本节将主要对普通农户生活状况进行分析研究。主要从家庭饮用水的来源、家庭获取饮用水的主要困难、生活用能、家庭拥有电脑情况、网购经历等几个方面进行展开。

一、居住状况

（一）大部分地区农户饮用水状况良好

从全省来看，67.9%的普通农户饮用水主要来源于经过净化处理的自来水，22.2%的主要来源于受保护的井水和泉水，2.5%的主要来源于不受保护的井水和泉水，1.9%的主要来源于江河湖泊之水，5.5%的主要来源于收集雨水（见图5-4）。

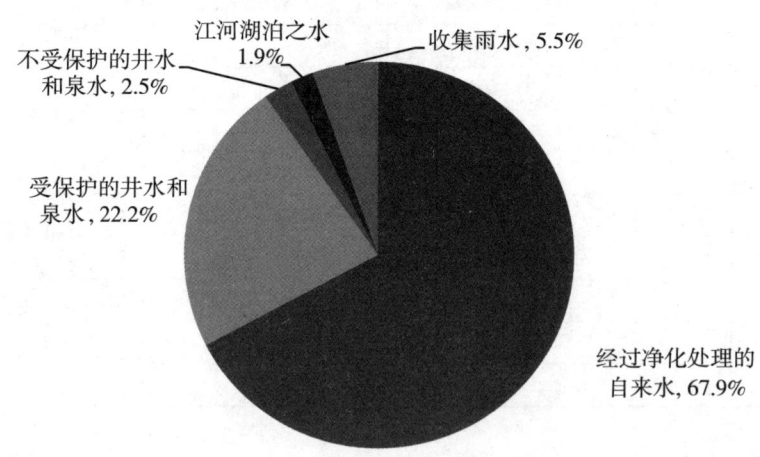

图5-4　家庭饮用水的主要来源

从自来水来看，各市州 50%的普通农户饮用水来源于经过净化处理的自来水。从受保护的井水和泉水来看，嘉峪关市农户家庭所占比例最大，为 48.1%；其次是临夏州，占比为 47.1%，占比最小的是陇南市，为 18.0%。从不受保护的井水和泉水来看，甘南州占比最大，为 29.8%，占比最小的为嘉峪关市，1.8%，武威市、庆阳市、陇南市占比均在 20%左右。陇南市 5.1%的普通农户饮用水主要来源是江河湖泊之水，占比最大，其他市州占比较小，几乎为 0。白银市 16.9%的普通农户饮用水主要来源是桶装水，占比最大，其次是庆阳市占比 6.1%，兰州市占比 5.1%，其他市州占比较小，几乎为 0。

由以上分析可知农户家庭饮用水来源状况良好，接下来对家庭获取饮用水困难情况进行分析。从全省来看，89.4%的家庭认为获取饮用水无困难，7.9%的家庭认为间断供水给其获取饮用水造成困扰，1.0%的家庭认为困难在于单次取水往返超过半小时，1.7%的家庭认为当年连续缺水的时间超过 15 天是主要获取饮用水困难之处（见图 5-5）。

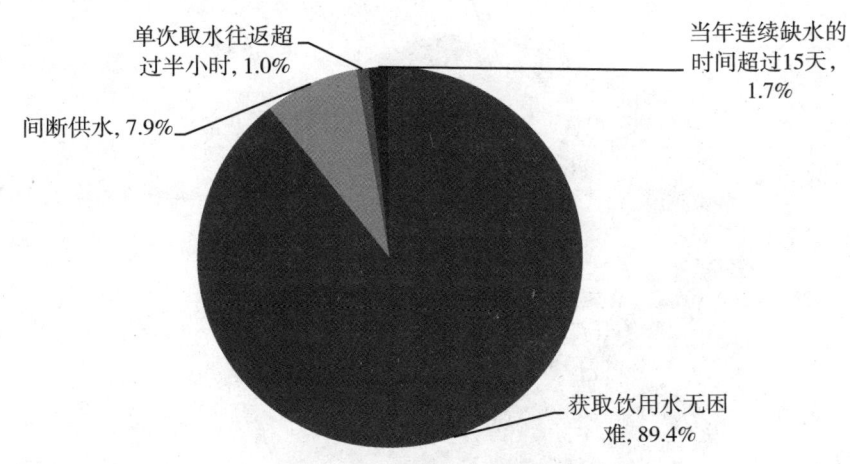

图 5-5 家庭获取饮用水的主要困难

从各市州来看，除陇南市和兰州市获取饮用水无困难的家庭占比为 78.2%、81.6%外，其他市州也均在 90%以上；困难为单次取水往返超过半小时的甘南州占比最大，为 1.2%，其他市州占比均小于 1%；困难为间断供水的陇南市占比最大，为 15.2%，其次为兰州市占 14.5%；困难为当年连续缺水的时间超过 15 天的陇南市占比最大，为 4.1%。

(二) 生活用能主要以煤和柴草为主

从全省来看，使用一种主要能源的普通农户占70.9%，其中使用煤作为主要能源的占47.5%，使用柴草的占32.1%，使用煤气天然气的占3.6%，使用电的占16.4%，使用沼气和太阳能的各占0.1%，使用其他的占0.2%（见图5-6）。从各市州来看，兰州市、金昌市使用煤作为主要能源的占比最大，为50%左右，使用电为35%左右；嘉峪关市、天水市、平凉市、酒泉市、定西市、临夏州使用煤作为主要能源的占比最大，为47%左右，使用柴草为30%左右；白银市使用煤作为主要能源的占比最大，为51.5%，使用柴草和电占比均为23%；武威市使用煤作为主要能源的占比最大，为63.5%，使用电为17.5%左右；张掖市使用煤作为主要能源的占比最大，为44.4%，使用煤气天然气、柴草所占的比例均等，为20%左右；庆阳市、陇南市、甘南州使用柴草作为主要能源的占比最大，为45%左右，使用煤为38%左右。

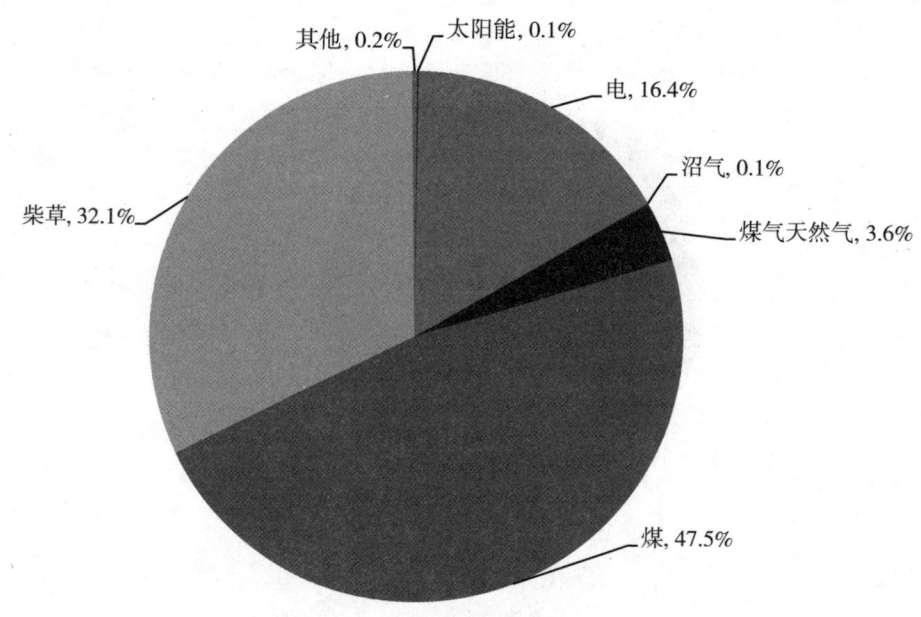

图5-6 做饭、取暖的主要能源

使用两种主要能源的普通农户家庭占29.1%，其中使用柴草和煤的最多，占57.3%，使用煤和电的占30%，使用柴草和电的占5.4%，使用煤和煤气天然气的占3.4%，使用煤气天然气和电的占2.5%，使用柴草和煤气天然气的占0.6%，使用柴草和其他的占0.2%，使用煤和其他、煤和太阳能、煤和沼气、柴草和沼气的分别占0.1%。从各市州来看，使用一种主要能源的普通农户在普通农户中占比均在70%左右；兰州市、金昌市农户使用煤的占比最大，为50%左右，其次是使用电的占比，为35%左右；嘉峪关市、天水市、平凉市、酒泉市、定西市、临夏州普通农户使用煤的占比最大，为50%左右，其次是柴草的占比，为30%左右；白银市、武威市农户使用煤的占比最大，大于50%，其次是使用柴草、电的占比，分别为20%左右；张掖市使用煤的农户占比为44.4%。使用柴草、煤气天然气、电的各占约20%；庆阳市、陇南市、甘南州使用煤、柴草的占比均在40%左右。

在做饭、取暖的主要能源是煤的普通农户中，从全省来看，有49.9%的农户购煤量为1000~2000公斤，22.5%的农户购煤量为2000~5000公斤，19.9%的农户购煤量为500~1000公斤。

从各市州来看，兰州市、白银市购煤量为1000~2000公斤的农户均大于55%，嘉峪关市、金昌市、张掖市、酒泉市购煤量2000~5000公斤的农户占48%左右，天水市、平凉市、庆阳市购煤量1000~2000公斤的均占48%，购煤量500~1000公斤的农户占25%左右，武威市购煤量2000~5000公斤的占58.5%，定西市、临夏州、甘南州购煤量为1000~2000公斤的占比在60%以上，陇南市购煤量1000~2000公斤的占比为37.1%，购煤量500~1000公斤的占比31.9%。

二、信息化状况

(一) 农村地区拥有电脑数量普遍偏低

从全省来看，家庭没有电脑的占86.9%，家庭拥有1台电脑的占12.9%，家庭拥有2台电脑的占0.2%。从各市州来看，白银市、定西市、陇南市、临夏州、甘南州超过90%的家庭没有电脑，9%左右的家庭拥有1台电脑；兰州市、天水市、武威市、平凉市、庆阳市超过80%的家庭没有电脑，15%左右的家庭拥有1台电脑；金昌市70.6%的农户家庭没有电脑，28.8%左右的家庭拥有1台电脑；嘉峪关市、酒泉市超过60%的家庭没有电脑，35%左右的家庭拥有1台电脑；张掖市58.2%的农户家庭没有电脑，41.2%的家庭拥有1台电脑；嘉峪关市普通农户拥有电脑2台电脑的家庭占比最大，为1.1%；嘉峪关市、酒泉市、张掖市家庭拥有电脑的比例高于其他市州（见图5-7）。

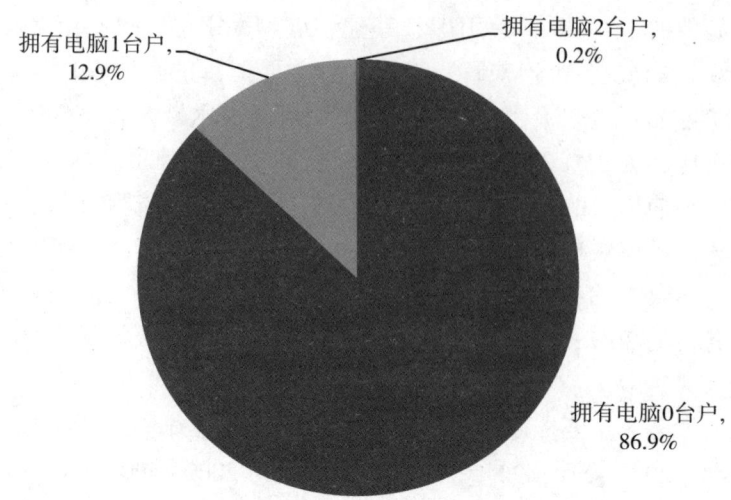

图 5-7 普通农户电脑拥有情况

从全省来看，户均拥有电脑大于 0、小于 1 台的占 96.8%，户均拥有电脑 1~2 台的占 3.2%。从各市州来看，户均拥有电脑大于 0、小于 1 的普通农户占比均在 95% 以上，其中占比最大的是金昌市，为 97.9%，占比最小的是甘南州，为 93.6%；各市州户均拥有电脑 1~2 台的普通农户占比均在 5% 左右，其中占比最大的是甘南州，为 6.2%。

在有电脑的情况下上过网的占 84.5%，同样情况下没有上过网的占 15.5%。从各市州来看，甘南州的普通农户中，在有电脑的情况下上过网的占比最低，为 65.3%；其次是临夏州，为 73.3%，其他市州均在 80% 以上，其中占比最高的是金昌市，为 89.8%。

(二) 手机普及率较高，但网购经历较少

普通农户家庭拥有 1 部手机、2 部手机、3 部手机的占比最多，占被访问农户的 93.9%。其中，拥有 1 部手机的家庭占比最大，为 34.7%；其次是拥有 3 部手机的家庭，占 26.8%。与此相比，在被访农户中，家庭人口数 3 人、4 人、5 人、6 人合计占比为 78.9%。其中，家庭 4 口人的占比最大，为 26.1%；其次是家庭 5 口人，占比为 19.3%。可以看出，基本上每一个农户家庭都有 1~2 个人没有手机。在家庭手机上网数占比中，拥有 2 部手机和 3 部手机上网占比最大，分别为 32.8%、33.2%，也就是说在大部分普通农户家庭中，有 2~3 个手机可以上网。

从全省来看，有 72.0% 的农户没有用过网上购物，只有 28.0% 的农户用过网上购物，可以看出农户上网购物比例较低。从各市州来看，嘉峪关市、张掖市、酒泉市有网上购物经历的农户占到40%以上；甘南州、临夏州有网上购物经历的农户占比最小，为9.0%和14.0%，其他市州农户占比在20%以上；由此可见，绝大多数普通农户没有网上购物经历。

第三节 生产特征分析

农户的生活状况与生产状况是不可分割的两部分，对生活状况的研究可以反映出农户的基本生活水平，而对生产状况的研究则可以在一定程度上反映出农业发展水平。

一、参加农业保险情况

从全省来看，没有参加农业保险的农户占比最大，为52.7%；既参加政策性保险又参加商业性保险的农户占比最小，为0.5%；仅参加政策性保险的比例为45.9%，仅参加商业性保险的占比为0.9%。

从各市州来看，在没有参加农业保险的普通农户中，金昌市、张掖市占比最大，均为90%以上，平凉市、庆阳市占比最小，为30%左右；在仅参加政策性保险的普通农户中，占比最大的为庆阳市、平凉市，占比为70%左右，金昌市占比最小，为3.7%；在仅参加商业性保险的普通农户中，酒泉市占比最大，为3.0%；在既参加政策性保险又参加商业性保险的普通农户中，酒泉市占比最大，为1.2%。可见，农户参加农业保险的意识并不强，特别是参加商业性保险（见表5-6）。

表 5-6　　　　　　普通农户参加农业保险比例　　　　　　（%）

地区	仅参加政策性保险	仅参加商业性保险	既参加政策性保险又参加商业性保险	没有
兰州市	50.0	48.5	1.1	0.4
嘉峪关市	6.9	0.3	0.2	92.6
金昌市	3.7	0.1	0.2	96.0
白银市	43.2	0.8	0.3	55.7
天水市	52.2	1.0	0.8	46.0
武威市	44.0	0.6	0.5	55.0

续表

地 区	仅参加政策性保险	仅参加商业性保险	既参加政策性保险又参加商业性保险	没有
张掖市	8.9	0.4	0.5	90.2
平凉市	69.1	0.9	0.3	29.8
酒泉市	22.6	3.0	1.2	73.2
庆阳市	70.3	0.7	0.6	28.5
定西市	58.4	0.4	0.2	41.0
陇南市	35.5	1.2	0.8	62.4
临夏州	29.4	2.0	0.5	68.1
甘南州	59.7	0.3	0.0	40.0

二、经营牧草地情况

在甘肃省有确权（承包）或经营的牧草地（草场）普通农户中，庆阳市和定西市农户数量占比最大，分别为19.4%和17.6%，占比最小的是嘉峪关市和酒泉市，比例不足1%。在甘肃省无确权（承包）或经营的牧草地（草场）普通农户中，天水市农户数量占比最大，为18.7%，占比最小的是嘉峪关市和金昌市，比例不足0.5%。在甘肃省普通农户确权（承包）的牧草地（草场）面积中，酒泉市和甘南州普通农户草场面积占比最大，均为20%；在甘肃省普通农户2016年末通过转包、转让、出租等方式流出的牧草地（草场）面积中，酒泉市普通农户草场面积占比最大，达到80%；其次是张掖市草场面积，占比为6%。在甘肃省普通农户2016年末通过转包、转让、出租等方式流入的牧草地（草场）面积中，金昌市普通农户草场面积占比最大，为58.3%；其次是酒泉市，占比为28%。在甘肃省普通农户2016年实际经营的牧草地（草场）面积中，甘南州普通农户草场面积占比最大，达到30%；占比最小的依旧是嘉峪关市和金昌市，占比不足1%。

三、流转耕地用途

从甘肃全省来看，在流转耕地用途中，流转耕地用于农作物种植的面积占流转耕地面积的95.9%，用于园林作物种植或苗木培育的占1.9%，用于林业经营的占0.8%，用于畜禽养殖（包括圈舍）占0.1%，用于其他用途的占1.2%，用于水产品养殖的占比接近0%。

从各市州来看，天水市、陇南市流转耕地用于农作物种植的面积占流转耕地总面积的75%左右，其他市州比例均在90%以上；天水市用于园林作物种植或苗木培育面积占比为15.9%，陇南市用于园林作物种植或苗木培育面积占比为10.6%，用于其他的面积占比为10.3%。这表明对于普通农户来说，流转耕地主要用于农作物种植。

四、电子商务销售农产品状况

随着信息化时代的到来，电子商务正在蓬勃发展。使用电子商务销售农产品现象也顺势而生。从各市州来看，嘉峪关市农户通过电子商务销售农产品的比例最高，为15.2%，比例最低的是甘南州，为0.7%，陇南市、庆阳市、天水市、酒泉市均在10%左右，定西市、金昌市、平凉市、武威市比例均在5%左右，兰州市、白银市、临夏州、张掖市均在3%左右。这表明全省各市州普通农户对于电子商务销售农产品还不太熟悉，使用电子商务销售农产品比例偏低。

第四节 本章小结

本章通过对甘肃省普通农户生产生活特征的研究，可以了解到甘肃省普通农户性别比基本平衡且劳动力资源充沛，少数民族地区婚姻状况比较严峻且文化程度普遍偏低；大部分地区从事农业生产的农户不愿意出去务工，从事农业生产时间较长且以种植业为主，但接受过农业技术培训的比例偏低，参加农业保险的意识不强；少数民族地区农村空巢老人占比较低，城镇化水平高低与农村在校学生比例成反比；大部分地区农户饮用水状况良好，生活用能主要以煤和柴草为主，农村地区拥有电脑数量普遍偏低，手机普及率较高，但网购经历较少，使用电子商务销售农产品比例偏低。

第六章 规模农户生产生活特征研究

规模农户是指具有较大农业经营规模，以商品化经营为主的农业经营户。本章将对甘肃省规模农户生产生活状况进行分析研究。主要从规模农户基本特征、生活特征及生产特征三个方面进行分析，其中，农户基本特征包括性别比状况、婚姻状况、受教育程度、在校学生情况、外出务工状况、从事农业生产时间、从事农业生产类型、农业技术培训状况、从事非农产业状况、空巢老人情况；农户生活特征包括居住状况、卫生状况；农户生产特征包括畜牧业经营状况、土地流转状况、经营牧草地状况、农业经营单位经营方式等。采用的研究方法主要有，描述统计、方差分析以及地理加权回归。

第一节 基本特征

本节分析规模农户基本状况，与分析普通农户类似，从 10 个方面进行阐述。有助于对规模农户的特征进行总体把握，为后续的分析研究奠定基础。

一、性别比状况

本次农业普查规模农户 3.58 万户、15.80 万人。从性别比来看，男性占 51.9%，女性占 48.1%；从年龄分布来看，1～15 岁占 19.0%，16～44 岁占 48.2%，45～59 岁占 26.3%，60 岁以上占 6.5%。截至 2017 年末，中国大陆总人口性别比为 104.81（以女性为 100），在各市州被访农户中，甘南州人口性别比为 100.13，低于我国总人口性别比；其他市州性别比均高于我国总人口性别比，其中，金昌市、武威市、庆阳市人口性别比较高，分别为 116.50、112.52、112.90，其他市州人口性别比均处于在 104.81 和 110 之间。

二、婚姻状况

农业普查结果表明，未婚人群占 35.5%，有配偶占 59.2%，离婚人群占

1.0%，丧偶人群占 4.3%，说明在全省规模农户中，未婚人群不在少数。从各市州来看，甘南州未婚人群、离婚人群占比最高，分别为 42.2%、2.1%，丧偶人群占比较高，为 5.1%，有配偶人群占比最低，为 50.6%，由此可以看出，甘南州的规模农户婚姻状况不容乐观。嘉峪关市未婚人群占比最低，为 29.0%，有配偶人群和离婚人群占比均较高，分别为 61.7% 和 0.9%，丧偶人群占比最高，为 8.4%，且能够高出其他市州占比的 2 倍，说明嘉峪关市农户相对于其他市州的农户更容易步入婚姻的殿堂，但也更容易出现丧偶、婚姻破裂等情况。张掖市离婚人群和丧偶人群分别为 1% 和 4%，但其未婚人群占比较低，为 31%，仅高于嘉峪关市，有配偶人群占比最高，为 63%。金昌市、武威市、平凉市、酒泉市、庆阳市、定西市、陇南市和临夏州婚姻状况基本相似，未婚人群占比均为 34.5% 左右，有配偶人群占比均在 61% 左右，离婚人群占比均为 1%，丧偶人群占比均为 4%。白银市未婚人群占比较高，仅低于甘南州，为 38%，有配偶人群和丧偶人群占比最低，分别为 58% 和 3%。天水市规模农户中，离婚人群占比最低，为 0.4%（见图 6-1）。

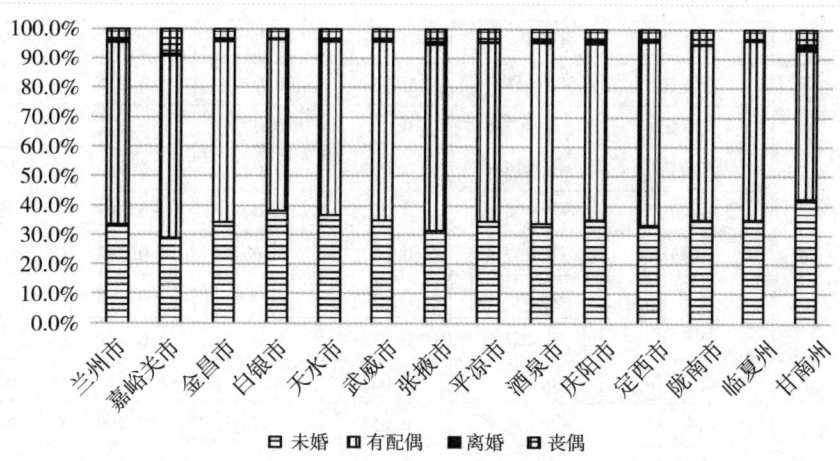

图 6-1 规模农户婚姻状况

为准确了解各市州婚姻状况之间是否存在差异，对各市州婚姻状况进行方差分析，如表 6-1 所示。

表 6-1　　　　　　　　　规模农户婚姻状况的方差分析

	平方和	df	均方	F	显著性
组间	2.397	13	0.184	3.595	0.000
组内	25.032	488	0.051		
总数	27.429	501			

由表 6-1 可知，F 值为 3.595，$p<0.05$，达到 0.05 的显著水平，至少有一个市州的婚姻状况与其他市州有明显的区别，也有可能 14 个市州之间存在显著的差别。所以进行各市州婚姻状况的多重比较，结果如表 6-2 所示。

表 6-2　　　　　　　　　婚姻状况的多重比较

(I) 市州	(J) 市州	均值差 (I-J)	标准误	显著性	95% 置信区间	
					下限	上限
兰州市	嘉峪关市	0.222*	0.053	0.000	0.117	0.327
	白银市	0.111*	0.053	0.038	0.006	0.216
	武威市	0.167*	0.054	0.002	0.06	0.273
嘉峪关市	白银市	-0.111*	0.053	0.038	-0.216	-0.006
	天水市	-0.167*	0.053	0.002	-0.272	-0.062
	张掖市	-0.139*	0.053	0.001	-0.244	-0.034
	酒泉市	-0.194*	0.053	0.000	-0.299	-0.09
	平凉市	-0.167*	0.053	0.002	-0.272	-0.062
	庆阳市	-0.194*	0.053	0.000	-0.299	-0.09
	定西市	-0.167*	0.053	0.002	-0.272	-0.062
	陇南市	-0.222*	0.053	0.00	-0.327	-0.117
	临夏州	-0.194*	0.053	0.00	-0.299	-0.09
	甘南州	-0.194*	0.053	0.00	-0.299	-0.09
金昌市	天水市	-0.139*	0.053	0.001	-0.244	-0.034
	张掖市	-0.111*	0.053	0.038	-0.216	-0.006
	陇南市	-0.194*	0.053	0.00	-0.299	-0.09
	甘南州	-0.167*	0.053	0.002	-0.272	-0.062
白银市	陇南市	-0.111*	0.053	0.038	-0.216	-0.006

续表

(I) 市州	(J) 市州	均值差 (I-J)	标准误	显著性	95% 置信区间	
					下限	上限
武威市	天水市	0.111*	0.054	0.04	0.005	0.218
	定西市	-0.111*	0.054	0.04	-0.218	-0.005
	陇南市	-0.167*	0.054	0.002	-0.273	-0.06
	甘南州	-0.139*	0.054	0.011	-0.245	-0.033

*. 均值差的显著性水平为 0.05（由于篇幅有限，只保留 $p<0.05$ 的市州）

兰州市分别和嘉峪关市、白银市、武威市之间存在差异，具体表现为：兰州市农户未婚率高于嘉峪关市，约5%，嘉峪关市农户丧偶率高于兰州市农户，约4%；兰州市农户未婚率低于白银市，约4%，白银市农户有配偶率兰州市农户，约4%；武威市农户有配偶率高于兰州市，约2%。

嘉峪关市分别和白银市、天水市、张掖市、酒泉市、平凉市、庆阳市、定西市、陇南市、临夏州、甘南州之间存在差异，具体表现为：酒泉市、平凉市、临夏州、定西市农户未婚率高于嘉峪关市农户约6%，丧偶率低于嘉峪关市农户约5%；白银市农户未婚率远高于嘉峪关市农户，约10%，有配偶率远低于嘉峪关市农户，约4%，丧偶率低于嘉峪关市农户约5%；天水市农户未婚率高于嘉峪关市农户约7%，有配偶率低于嘉峪关市农户约4%，丧偶率低于嘉峪关市农户约5%；张掖市农户未婚率高于嘉峪关市农户约3%，丧偶率低于嘉峪关市农户约4%；庆阳市、陇南市农户未婚率高于嘉峪关市农户约6%，有配偶率低于嘉峪关市农户约3%；甘南州农户未婚率高于嘉峪关市农户超过10%，有配偶率低于嘉峪关市农户约10%，丧偶率低于嘉峪关市农户约4%。

金昌市分别和天水市、张掖市、陇南市、甘南州之间存在差异，具体表现为：天水市农户未婚率高于金昌市农户约3%，有配偶率低于金昌市农户约3%；张掖市农户未婚率低于金昌市农户约3%，有配偶率高于金昌市农户约4%；陇南市农户有配偶率低于嘉峪关市农户约3%，丧偶率高于金昌市农户2%；甘南州农户未婚率高于金昌市农户约8%，有配偶率低于金昌市农户约10%，离婚率高于金昌市农户约2%。

武威市分别和天水市、陇南市、甘南州之间存在差异，具体表现为：甘南州农户未婚率高于武威市农户约7%，有配偶率低于武威市农户约10%，离婚率高于约2%；天水市农户有配偶率低于武威市农户约3%；陇南市农户有配偶率低于武威市农户约3%，丧偶率高于约2%。

白银市和陇南市之间存在差异，具体表现为：白银市户未婚率高于陇南市农户约3%，丧偶率低于陇南市农户约2%。

三、文化程度状况

从甘肃全省来看，未上过学农户占11.3%，小学受教育程度占40.3%，初中文凭占29.5%，高中或中专文凭占11.9%，大专及以上文凭占7%。从各市州来看，在未上过学农户中，临夏州农户占比最大，为28.3%；其次是甘南州，占比17.8%，占比最小的是嘉峪关市的4.7%，其他市州均占10%左右。在拥有小学学历的农户中，甘南州农户占比最大，为66.7%；其次是临夏州的48.3%，陇南市的41.4%，其他市州均占30%左右。在初中学历的农户中，嘉峪关市农户占比最大，为43.0%，甘南州占比最小，为7.6%；其次是临夏州农户，占比15.8%，其他市州均为35%左右。白银市农户高中或中专学历农户占比最大，为17.2%，占比最小的是甘南州农户4.9%，临夏州农户5.1%，其他市州均为10%左右。在大专及以上学历中，白银市农户占比最大，为11.1%，其次是金昌市10.4%，武威市9.9%，占比最小的是临夏州农户，占比2.6%（见图6-2）。

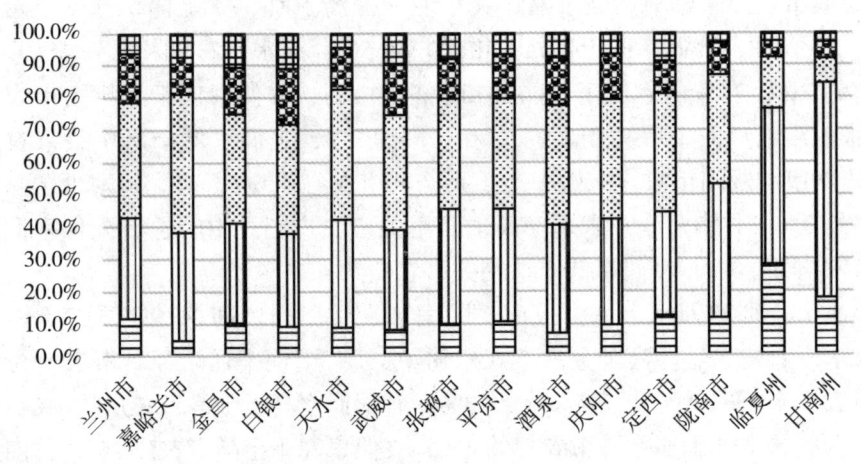

图6-2 规模农户受教育程度占比情况

由此可以看出，在规模农户中，小学和初中学历人数最多，大专及以上文凭人数最少；在甘南州农户中，初中以下学历农户占到85%，说明甘南州农户文化程度普遍不高；在白银市农户中初中及其以上文化程度占比最大，为 62.2%，表明白银市农户普遍文化程度在 14 个市州中最高；其次是嘉峪关市、武威市和酒泉市，其农户初中及其以上文化程度占比均为 60% 左右。

四、农村在校学生比例情况

规模农户在校生占比即一个地区规模农户中上学总人数与该地区规模农户总人口的比值。从全省来看，规模农户中在校学生占 20.1%，非在校学生占 79.9%；从各市州来看，甘南州在校生占比最高，为 32.0%；其次是金昌市，为 28.6%，在校生占比最小的是临夏州，为 18.7%，其他市州占比均在 20% 以上。说明各市州规模农户在校生结构中，甘南州处于上学阶段的人群比例最大，临夏州占比例最小。与普通农户在校生结构较为相似（见图 6-3）。

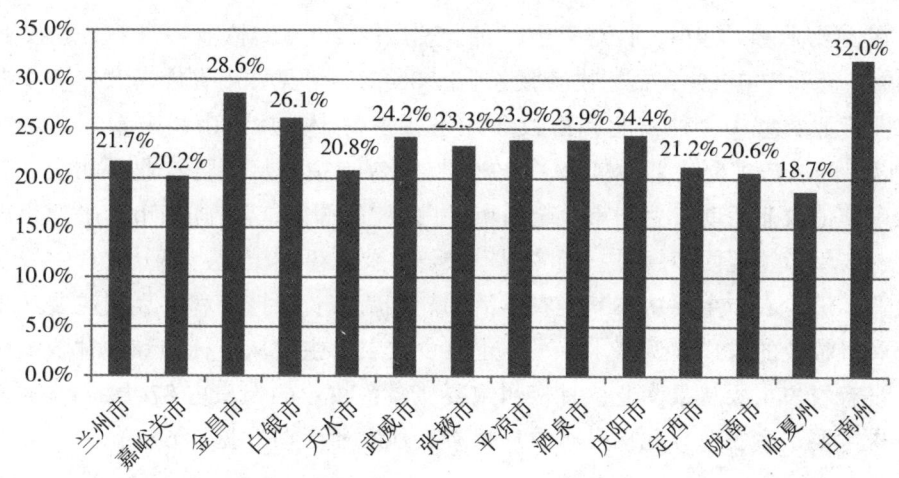

图 6-3 规模农户在校学生占比情况

五、外出务工状况

从全省来看，从事农业生产的规模农户离开本乡镇 6 个月及以上的占 7%，未离开本乡镇 6 个月及以上的占 93%。从各市州来看，从事农业生产的规模农户离开本乡镇 6 个月及以上的农户占比中，兰州市占比最大，为 14.6%，占比最小的是甘南州，为 0.6%；其次是临夏州和嘉峪关市，分别占比 3.1%、3.7%，其他市州占比均在 10%。可见规模农户中外出务工的农户占比较低，兰州市虽然占比最大，但仍不足20%，这表明从事农业生产的规模农户倾向于在居住地附近活动。

六、从事农业生产天数状况

从全省来看，在被调查的农户中，从事农业生产的规模农户占57%，其中从事时间为1~14天的规模农户占2.9%，从事时间为15~29天的占2.9%，从事时间为30天以上的占94.2%，高出普通农户约6.8%，可能是因为规模农户拥有较大的农业经营规模。从各市州来看，嘉峪关市的规模农户中98.7%从事农业生产时间在30天以上，占比最小的是临夏州，为79.7%。可见，在从事农业生产的规模农户中，从事农业时间大多数都在30天以上。

七、从事农业生产类型状况

在主要从事农业行业类型中，种植业占52.1%，林业占1%，畜牧业占46.4%，渔业占0.1%，农林牧渔服务业占0.4%，可见甘肃省规模农户在主要从事农业行业类型中，种植业和畜牧业几乎各占一半。从各市州来看，嘉峪关市80%以上的农户主要从事种植业，10%左右的农户主要从事畜牧业，几乎没有农户从事其他农业活动。兰州市、金昌市、白银市、天水市、陇南市、平凉市、酒泉市、庆阳市、定西市超过一半的规模农户主要从事种植业，部分农户主要从事畜牧业，极少农户主要从事其他农业活动。武威市、张掖市和临夏州主要从事种植业和畜牧业的农户比例基本持平，也有少数农户主要从事林业和农林牧渔服务业，没有农户主要从事渔业。甘南州主要从事畜牧业的农户占87.1%，10%左右的农户主要从事农业，几乎没有农户从事其他农业活动（见表6-3）。

表6-3　　　　　规模农户主要从事农业行业类型占比情况　　　　　（%）

	种植业	林业	畜牧业	渔业	农林牧渔服务业
兰州市	20.5	11.1	17.1	0.2	2.1
嘉峪关市	0.0	1.3	53.2	0.0	1.3
金昌市	6.0	2.9	30.5	0.0	4.7
白银市	16.4	4.9	27.5	0.0	0.7
天水市	5.1	16.8	12.9	0.0	5.0
武威市	29.9	1.4	35.6	0.0	2.5
张掖市	24.9	3.4	34.8	0.0	1.9

续表

	种植业	林业	畜牧业	渔业	农林牧渔服务业
平凉市	9.1	30.2	22.8	0.0	2.1
酒泉市	9.7	4.2	38.5	0.1	3.4
庆阳市	24.1	19.4	25.1	0.0	2.4
定西市	17.0	19.3	20.6	0.1	2.4
陇南市	9.2	13.3	14.8	0.0	1.0
临夏州	28.0	8.1	32.2	0.3	2.1
甘南州	25.6	3.6	10.5	0.0	0.0

表6-4为各市州规模农户次要从事农业行业类型占比情况。在次要从事农业类型中，种植业占19.9%，林业占6.6%，畜牧业占26.9%，农林牧渔服务业占2%，44.5%的农户没有次要从事的农业类型。从各市州来看，在没有次要从事种植业的农户中，陇南市占比最大，为61.8%，庆阳市占比最小，为29.0%。在排除没有考虑过次要从事的农业类型后，兰州市、白银市、武威市、张掖市、酒泉市、临夏州、甘南州大多数农户会选择种植业和畜牧业，嘉峪关市、金昌市大多数农户会选择畜牧业，天水市、平凉市大多数农户会选择林业和畜牧业，庆阳市、定西市、陇南市大多数农户会选择种植业、畜牧业和林业。

表6-4　　规模农户次要从事农业行业类型占比情况　　　　　　　（%）

	种植业	林业	畜牧业	渔业	农林牧渔服务业
兰州市	20.5	11.1	17.1	0.2	2.1
嘉峪关市	0.0	1.3	53.2	0.0	1.3
金昌市	6.0	2.9	30.5	0.0	4.7
白银市	16.4	4.9	27.5	0.0	0.7
天水市	5.1	16.8	12.9	0.0	5.0
武威市	29.9	1.4	35.6	0.0	2.5
张掖市	24.9	3.4	34.8	0.0	1.9
平凉市	9.1	30.2	22.8	0.0	2.1
酒泉市	9.7	4.2	38.5	0.1	3.4
庆阳市	24.1	19.4	25.1	0.0	2.4
定西市	17.0	19.3	20.6	0.1	2.4

续表

	种植业	林业	畜牧业	渔业	农林牧渔服务业
陇南市	9.2	13.3	14.8	0.0	1.0
临夏州	28.0	8.1	32.2	0.3	2.1
甘南州	25.6	3.6	10.5	0.0	0.0

八、接受农业技术培训状况

从全省来看，接受过农业技术培训的规模农户占25.2%，没有接受过农业技术培训的占74.8%。从各市州来看，接受过农业技术培训的规模农户比例排名前三名的是，酒泉市、庆阳市、张掖市，占比分别是41.6%、40.1%、35.5%，不足规模农户的一半，但仍高于普通农户参加农业技术培训的比例；占比最小的是甘南州，为1.4%。可见，规模农户中接受过农业技术培训的农户占比较小，特别是甘南州。

九、从事非农产业状况

从全省来看，从事非农行业的农户占21.5%，其中雇主占2.4%，自营者占18.8%，务工者占64.8%，公职者占3.4%，其他行业从事者占10.6%，说明大部分农户从事非农业生产活动会选择务工。从各市州来看，庆阳市农户从事雇主行业的占比最大，为4.1%，占比最小的是嘉峪关市；定西市从事自营行业的占比最大，为34.0%，占比最小的是嘉峪关市；嘉峪关市从事务工、公职比例在14个市州中占比最大，分别83.3%、8.3%，甘南州占比最小，为1%；甘南州从事其他行业的占比最大，为37.5%（见表6-5）。

表6-5　　　　　　规模农户从事非农产业占比状况　　　　　　（%）

	雇主	自营	务工	公职	其他
兰州市	1.6	28.5	50.9	3.5	15.5
嘉峪关市	0.0	0.0	83.3	8.3	8.3
金昌市	1.6	13.9	72.9	2.3	9.3
白银市	2.3	16.0	68.1	3.5	10.1
天水市	2.2	20.6	68.1	2.3	6.7

续表

	雇主	自营	务工	公职	其他
武威市	2.0	14.4	77.7	2.5	3.4
张掖市	2.7	14.4	66.3	4.6	12.0
平凉市	1.9	20.5	64.2	2.0	11.3
酒泉市	3.0	26.3	63.4	4.7	2.7
庆阳市	4.1	31.9	50.6	2.7	10.6
定西市	2.5	34.0	47.7	4.0	11.8
陇南市	2.7	28.2	47.9	2.8	18.4
临夏州	1.0	25.1	50.9	3.7	19.3
甘南州	0.9	4.8	55.8	1.0	37.5

十、空巢老人情况

对规模农户空巢老人占比进行分析后可知，少数民族地区农村空巢老人占比最低，这可能和少数民族地区的生活、生产方式有关。但对于规模农户来说，不存在这种情况。从全省来看，规模农户空巢老人占6.6%。空巢老人占比排前三的市州是兰州市、嘉峪关市、金昌市，分别占17.4%、15.0%、11.3%；占比最小的是庆阳市，为2.4%，可见规模农户农村空巢老人占比普遍相对较低。

第二节 生活特征分析

本节对规模农户生活特征进行分析研究。主要从家庭饮用水的来源、家庭获取饮用水的困难、生活用能、厕所类型等几个方面进行分析。

一、居住状况

（一）大部分地区农户饮用水状况良好

从全省来看，65.8%的规模农户饮用水主要来源于经过净化处理的自来水，27.2%的规模农户饮用水主要来源于受保护的井水和泉水，3.1%的主要来源于不受保护的井水和泉水，1.9%的主要来源于江河湖泊之水，1.9%的主要来源于收集雨水，表明甘肃省大多数规模农户饮水状况得到了保障（见图6-4）。

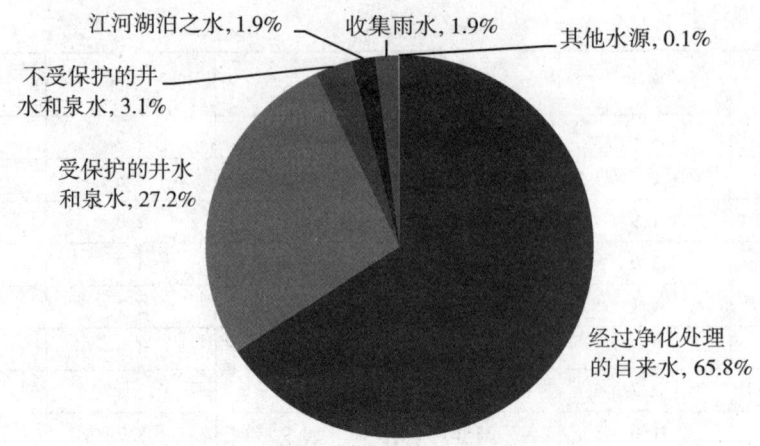

图 6-4 规模农户家庭饮用水的主要来源

从自来水来看,嘉峪关市的家庭占比为 100%,也就是说嘉峪关市规模农户的饮用水几乎都来自经过净化处理的自来水;平凉市和临夏州的家庭均占 90% 以上,金昌市、天水市、张掖市、酒泉市、定西市的家庭占 70%~90%,兰州市、白银市、武威市的家庭均占 50%~60%,庆阳市、陇南市、甘南州的家庭占 50% 以下。从受保护的井水和泉水来看,甘南州和陇南市的家庭均占 50% 以上,武威市和庆阳市的家庭占比分别为 44.3% 和 43.4%,金昌市、白银市、天水市、酒泉市、张掖市的家庭均占 10%~20%,平凉市、临夏州、定西市的家庭均占 10% 以下。从不受保护的井水和泉水来看,陇南市的家庭占比最大,为 14.8%,其次为甘南州,占比 8.6%,其他市州占比均小于 3%;从江河湖泊之水来看,张掖市的家庭占比最大,为 4.4%;从收集雨水来看,兰州市的家庭占比最大,为 25.4%(见表 6-6)。

表 6-6 家庭饮用水的主要来源 （%）

市 州	经过净化处理的自来水	受保护的井水和泉水	不受保护的井水和泉水	江河湖泊之水	收集雨水	桶装水
兰州市	57.6	13.6	0.8	1.6	25.4	0.1
嘉峪关市	100.0	0.0	0.0	0.0	0.0	0.0
金昌市	87.2	12.7	0.1	0.0	0.0	0.0
白银市	61.7	18.2	2.4	6.8	10.6	0.1
天水市	79.6	19.1	0.6	0.0	0.6	0.0

续表

市 州	经过净化处理的自来水	受保护的井水和泉水	不受保护的井水和泉水	江河湖泊之水	收集雨水	桶装水
武威市	55.2	44.3	0.5	0.1	0.0	0.0
张掖市	78.1	14.6	2.9	4.4	0.0	0.0
平凉市	94.5	5.3	0.2	0.0	0.1	0.0
酒泉市	83.8	13.2	2.1	0.9	0.0	0.0
庆阳市	49.7	43.4	1.5	0.0	5.4	0.0
定西市	86.3	9.4	1.5	0.2	2.6	0.0
陇南市	34.1	51.1	14.8	0.0	0.0	0.1
临夏州	97.3	2.3	0.2	0.2	0.2	0.0
甘南州	21.4	68.7	8.6	1.3	0.1	0.0

从全省来看，89.2%的家庭认为获取饮用水无困难，7.6%的家庭认为间断供水给其获取饮用水造成困扰，2.2%的家庭认为困难在于单次取水往返超过半小时，1%的家庭认为当年连续缺水的时间超过15天是主要获取饮用水困难之处（见图6-5）。

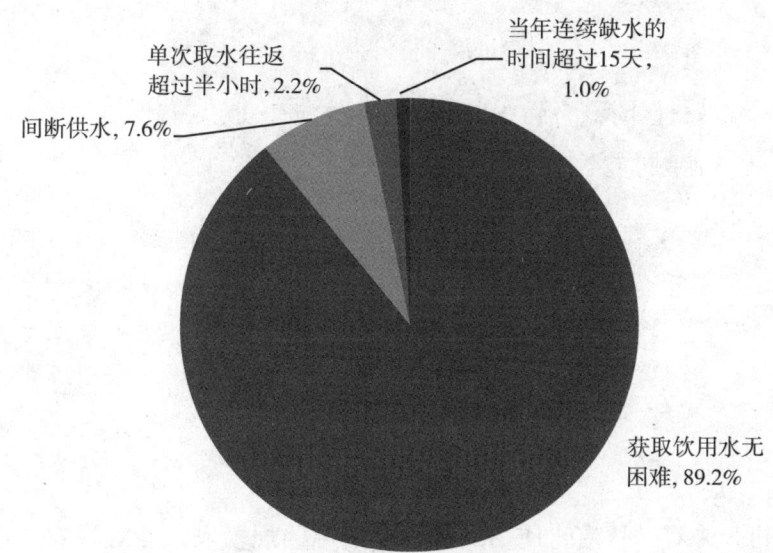

图6-5 家庭获取饮用水的主要困难

从各市州来看，嘉峪关市、金昌市、天水市、武威市、张掖市、平凉市、庆阳市、定西市、临夏州获取饮用水无困难的家庭均占90%以上，其他市州均在80%以上；困难为单次取水往返超过半小时的酒泉市家庭占比最大，为6.0%，其次是张掖市和甘南州，占比为2%左右；困难为间断供水的白银市家庭占比最大，为13.5%，其次为兰州市家庭占12.6%，陇南市家庭占10.2%，甘南州9.8%，酒泉市8.8%；困难为当年连续缺水的时间超过15天的陇南市家庭占比最大，为2.9%。

（二）生活用能以煤和柴草为主

从全省来看，使用一种主要能源的规模农户占71.7%，其中使用煤作为主要能源的占45.2%，使用柴草的占23.2%，使用煤气天然气的占16.6%，使用电的占8.4%，使用其他的占6.6%，，说明规模农户以煤、柴草作为做饭、取暖的主要能源（见图6-6）。

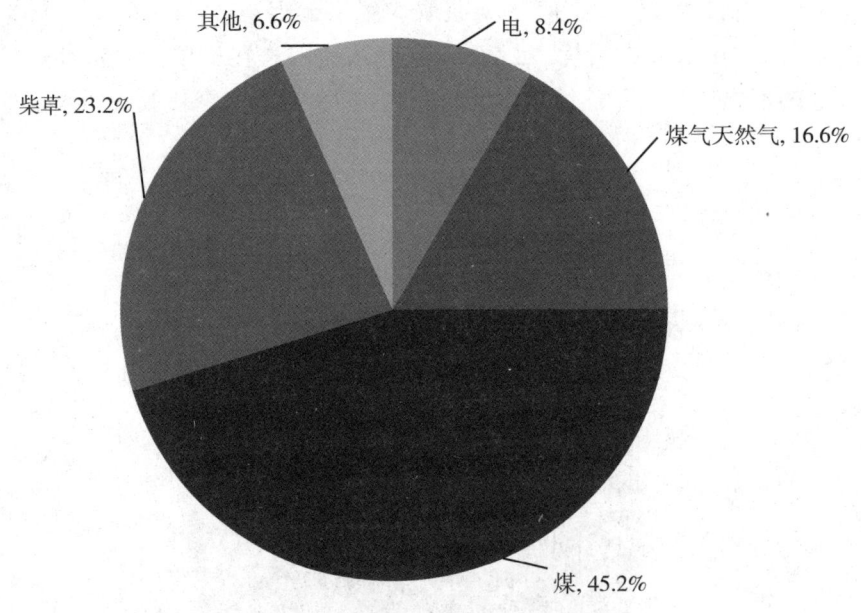

图6-6 做饭、取暖的主要能源

从各市州来看，甘南州使用一种主要能源的规模农户在规模农户中占比最大，为80.9%，其他市州占比均在70%左右；兰州市、金昌市、白银市规模农户使用煤的占比最大，超过50%，其次是使用柴草的占比，为30%左右；嘉峪关市规模农户使用煤的占比最大,为46.9%,其次是电的占比,为26.5%;平凉市、酒泉市规模农户使用煤的占比最大,将近50%,其次是使用柴草的占比,为30%左右;庆阳市规模农户使用煤、柴草的占比基本持平,分别占50%;甘南州规模农户使用其他的能源占比最大,为49.4%,其次是使用柴草的占比,为36.1%;天水市、张掖市、陇南市、临夏州规模农户使用煤的占比最大,为50%左右,其次是使用柴草的占比,为25%,再就是使用煤气天然气的占比,为20%左右;武威市、定西市使用煤的占比最大,50%以上,其次是使用煤气天然气的占比,为20%左右,再就是使用柴草的占比,为15%左右。

可见,兰州市、金昌市、武威市农户主要以煤、煤气天然气作为主要能源,嘉峪关市、张掖市农户主要以煤、柴草、电作为主要能源,白银市农户主要以煤、煤气天然气作为主要能源,天水市、定西市、陇南市、临夏州主要以煤、柴草、煤气天然气作为主要能源,平凉市、酒泉市、庆阳市农户主要以柴草、煤作为主要能源,甘南州农户主要以柴草作为其主要能源。

使用两种主要能源的家庭占28.3%,其中使用柴草和煤的最多,占42.7%,使用煤和煤气天然气的占32.3%,使用煤和电的占9.1%,使用煤气天然气的占5.2%,使用柴草和其他的占3.9%,使用柴草和煤气、天然气的占2.6%,使用煤和其他的占1.8%使用柴草和电的占1.4%,使用煤和太阳能的占0.3%,使用煤和沼气的占0.2%;使用柴草和沼气、柴草和电、柴草和太阳能、柴草和其他、煤和煤气天然气、煤和沼气、煤和电、煤和太阳能、煤和其他、煤气天然气和沼气、煤气天然气和电、煤气天然气和太阳能、煤气天然气和其他、沼气和电、沼气和太阳能、沼气和其他、电和太阳能、电和其他的各占0.1%。从各市州来看,在使用两种能源的组合中,兰州市、白银市规模农户使用煤和煤气天然气能源组合的占比最大,为60%左右,其次是柴草和煤组合的占比,为30%左右;嘉峪关市使用煤和电、柴草和煤这两种组合的规模农户比例均等,分别为40.9%,使用煤气天然气和电次之,为13.6%;金昌市使用煤和煤气天然气能源组合的占比最大,为71.8%,其次是柴草和煤组合的占比,为13.4%;天水市使用柴草和煤能源组合的占比最大,为48.4%,其次是使用煤和煤气天然气组合,占35.6%,柴草和煤气天然气组合,占10.6%;武威市、定西市和临夏市使用煤和煤气天然气组合与使用柴草和煤能源组合的占比不相上下,均为45%左右;甘南州使用柴草和其他组合的农户占比最大,为53.2%,其次是柴草和煤组合,占比为29.0%;平凉市使用柴草和煤占比最大,为57.4%,其次是煤和煤气天然气占比,为33.5%;陇南市使用柴草和煤占比最大,为47.0%,其次是煤和煤气天然气,占比27.9%，再次是柴草和煤气天然气，占比15%；庆阳市使用柴草和煤占比最大，为71.2%，其次是煤和煤气天然气占比，为11.8%，再次是柴草和煤气天然气占比，为9.8%；张掖市、酒泉市使用柴草和煤最大，占比为50%左右，其次是煤和煤气天然气占比，为20%左右，再次是煤和电，占比为15%左右。

从全省来看，在做饭、取暖的主要能源是煤的规模农户中，有57.4%的农户2016年没有购煤，24.0%的农户购煤量为5000~10000公斤，14.7%的农户购煤量为2000~5000公斤，2.1%的农户购煤量为1000~2000公斤。从各市州来看，没有购煤的农户占比均在50%以上，甘南州占比甚至达到86.3%；不考虑没有购煤的农户，兰州市购煤量为5000~10000公斤的农户占比最大，为23.0%，其次是购煤量为2000~5000公斤的农户，占比为20.2%；购煤量为500~1000公斤的农户和购煤量20000公斤以上的农户占比最小，未达到0.3%；嘉峪关市购煤量未5000~10000公斤的农户占比最大，为38.0%；金昌市、白银市、酒泉市、临夏州购煤量为5000~10000公斤的农户占比最大，为27%左右，其次是购煤量为2000~5000公斤的农户，占比为17%；天水市购煤量为2000~5000公斤的农户占比最大，为20.4%；武威市、张掖市购煤量为5000~10000公斤的农户占比最大，为30%左右；张掖市购煤量为5000~10000公斤的农户占比最大，为30.6%；庆阳市、定西市、平凉市购煤量为2000~5000公斤的农户和购煤量为5000~10000公斤的农户占比均等，分别为17%、20%和19%；陇南市购煤量为2000~5000公斤的农户占比最大，为16.8%，购煤量为1000~2000公斤的农户和购煤量为5000~10000公斤的农户占比均等，为10%。

二、卫生状况

从全省来看，63.7%的家庭的厕所是普通旱厕，14.6%的家庭的是卫生旱厕，12.2%的家庭是水冲式卫生厕所，9.1%的家庭无厕所，0.4%的家庭的厕所是水冲式非卫生厕所（见图6-7）。

从各市州水冲式卫生厕所类型来看，嘉峪关市的家庭水冲式卫生厕所类型占比最高，为59.3%；金昌市、张掖市、酒泉市占比均大于20%，占比低的是甘南州，为1.3%。从水冲式非卫生厕所来看，各市州占比均小于1%，其中占比最高的是酒泉市，为0.7%；从卫生旱厕来看，天水市占比最高，为34.8%，其次为临夏州占比31.5%，占比最低的是嘉峪关市和甘南州，分别为3.7%和5.2%。从普通旱厕来看，白银市占比最高，为87.5%，其次是陇南市占比81.2%，占比最低的是嘉峪关市和甘南州，分别为37%和45%；；甘南州无厕所的家庭占比最高，为47.7%，也就是说在甘南州规模农户中，将近一半的家庭没有厕所，这一比例远远高于其他市州。

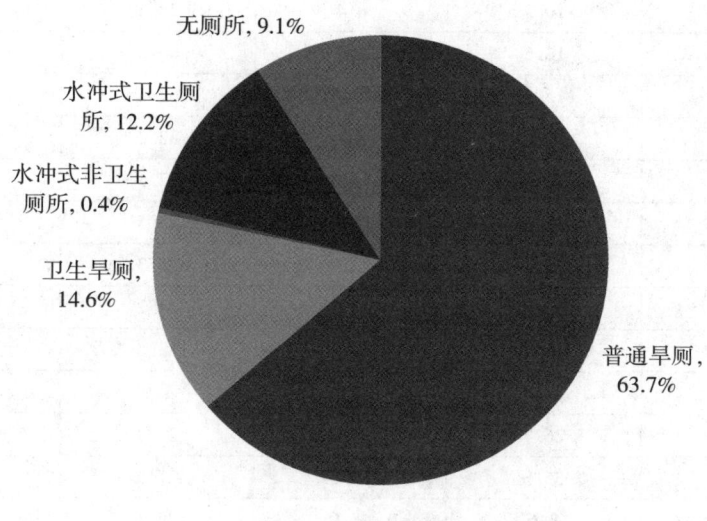

图6-7 厕所类型

第三节 生产特征分析

对生产状况分析的内容前文已有概括，分析的重点是畜牧业经营状况，其中，对甘肃省14个市州的畜牧业发展状况进行空间异质性分析、观察并比较其对各市州农户人均可支配收入的贡献大小。

一、畜牧业经营状况

（一）大部分地区农户羊养殖占地面积较大

从全省来看，羊养殖占地面积在总的畜禽养殖占地面积中占比最大，为50.2%，其次是生猪养殖占地面积，占比为17.4%，牛养殖占地面积占比为16.5%，家禽占地面积比例最小，为15.8%。

表 6-7　　　　　　　　　牲畜养殖占地面积占比情况　　　　　　　　　　（%）

市州	生猪养殖占地面积	牛养殖占地面积	羊养殖占地面积	家禽养殖占地面积
酒泉市	10.3	6.4	78.5	4.8
嘉峪关市	16.5	2.3	66.5	14.7
武威市	15.5	15.8	62.4	6.2
金昌市	3.1	8.4	82.2	6.3
张掖市	6.2	13.8	77.5	2.4
白银市	17.3	25.1	45.5	12.2
庆阳市	21.8	22.2	33.3	22.7
临夏州	30.0	13.7	41.2	15.1
定西市	16.9	23.1	33.8	26.2
平凉市	24.3	16.8	1.9	57.0
天水市	26.7	30.8	25.9	16.6
兰州市	35.3	13.8	27.3	23.6
甘南州	8.6	48.9	28.1	14.4
陇南市	52.1	9.0	10.5	28.4

表 6-7 为各市州牲畜养殖占地面积占比情况。从各市州来看，在兰州市畜禽养殖占地总面积中，生猪养殖占地面积最大，比例为 35.3%，牛养殖占地面积占比最小，为 13.8%；嘉峪关市羊养殖占地面积占比最大，为 66.5%，占比最小的为牛养殖占地面积，为 2.3%；金昌市羊养殖占地面积占比最大，为 82.2%，占比最小的为生猪养殖占地面积，为 3.1%；白银市羊养殖占地面积占比最大，为 45.5%，占比最小的是家禽养殖占地面积，为 12.2%；天水市牛养殖占地面积占比最大，为 30.8%，占比最小的是家禽养殖占地面积，为 16.6%，羊养殖占地面积占比和生猪养殖占地面积占比基本相当，为 25% 左右；武威市羊养殖占地面积占比最大，为 62.4%，占比最小的为家禽养殖占地面积，是 6.2%，生猪养殖占地面积占比和牛养殖占地面积占比基本一致，为 15% 左右；张掖市羊养殖占地面积占比最大，为 77.5%，家禽养殖占地面积占比最小，为 2.4%；平凉市家禽养殖占地面积占比最大，为 57.0%，羊养殖占地面积占比最小，为 1.9%；酒泉市羊养殖占地面积占比最大，为 78.5%，占比最小的是牛养殖占地面积，为 6.4%；庆阳市四类畜禽养殖占地面积所占比例基本一致，为 25% 左右，说明庆阳市农户均等地养殖这四类畜禽；定西市生猪养殖占地面积占比最小，为 16.9%，其余三类畜禽养殖占地面积比

例均在23%以上；陇南市生猪养殖占地面积占比最大，为52.1%，占比最小的是牛养殖占地面积，为9.0%；临夏州羊养殖占地面积占比最大，为41.2%，占比最小的是牛养殖占地面积，为13.7%；甘南州牛养殖占地面积占比最大为48.9%，占比最小的是生猪养殖占地面积，为8.6%。

（二）大部分地区农户以羊养殖和家禽养殖为主

从全省来看，羊养殖户数在总的畜禽养殖户数中占比最大，为44.6%，牛养殖户数和家禽养殖户数占比相同，为20.5%，占比最小的是生猪养殖户数，占总养殖总户数的14.4%。

表6-8为各市州牲畜养殖户数占比情况。从各市州来看，兰州市羊养殖户数和生猪养殖户数占比大，分别为39.2%和35.9%，说明兰州市规模农户主要以羊养殖和生猪养殖为主；嘉峪关市、金昌市、白银市、庆阳市以羊养殖和家禽养殖为主，其养殖户数所占比例大于70%；天水市生猪养殖户数和家禽养殖户数占比大，均为36%多，说明天水市规模农户主要以生猪养殖户数和家禽养殖为主；酒泉市羊养殖户数占比为88.7%，武威市羊养殖户数占比为63.4%，临夏州羊养殖户数占比为60%，也就是说酒泉市、武威市和临夏州规模农户主要以羊养殖为主；张掖市羊养殖户数占比最大，为53.4%，其次是牛养殖户数占比，为26.7%；平凉市牛养殖户数占比最大，为54.6%，其次是家禽养殖户数占比，为25.8%；定西市羊养殖户数占比最大，为50.1%，其次是家禽养殖户数占比，为24.3%；陇南市家禽养殖户数占比最大，为42.0%，羊养殖户数占比最小，为13.2%；甘南州羊养殖户数占比为57.4%，牛养殖户数占比为39.0%，家禽养殖户数占比最小，不足0.5%。

表6-8 牲畜养殖户数占比情况 （%）

市州	生猪养殖户	牛养殖户	羊养殖户	家禽养殖户
酒泉市	3.8	6.0	88.7	1.5
嘉峪关市	5.0	1.9	64.2	28.8
武威市	11.1	14.2	63.4	11.4
金昌市	2.6	16.3	61.4	19.6
张掖市	10.7	26.7	53.4	9.1
白银市	10.1	11.9	38.9	39.1
庆阳市	14.9	14.5	33.0	37.6
临夏州	2.3	28.6	57.4	11.7

续表

市州	生猪养殖户	牛养殖户	羊养殖户	家禽养殖户
定西市	5.9	19.7	50.1	24.3
平凉市	14.8	54.6	4.8	25.8
天水市	36.1	16.5	10.8	36.5
兰州市	35.9	11.8	39.2	13.1
甘南州	3.2	39.0	57.4	0.4
陇南市	26.1	18.7	13.2	42.0

二、空间异质性分析

本节的主要思路是：分别结合各市州生猪养殖、羊养殖、牛养殖、家禽养殖面积及户数，与2016年各市州农户人均可支配收入，使用ArcGIS软件建立8个地理加权回归模型，观察并比较每个因素对各市州农户人均可支配收入有多大贡献。

首先，利用ArcGIS以甘肃省各市州作为基本空间单元，利用Geoda软件，以各市州农村人均收入为空间属性数据，采用一阶邻接方式构建ROOK空间权重矩阵，对各市州农村人均收入进行全局空间自相关分析和局部空间自相关分析。

通过全局空间自相关分析，得到Moran's I 散点图（见图6-8）。由图6-8可见，甘肃省各市州农村人均收入的Moran's I 指数为0.736，表明各市州农村人均收入之间存在显著的空间正相关关系，且散点主要分布在1、3象限，在空间上呈集聚态势。

利用局部空间自相关分析反映相邻空间单元之间农村人均收入的相关程度与格局分布差异，并绘制LISA集聚图（在此省略集聚图）。农村人均收入分布具有一定的空间差异性，呈北高南低，局部出现异常值的特点。从局部空间集聚特征来看，高—高集聚区主要位于西北部市州（酒泉市、嘉峪关市、张掖市），低—低集聚区主要位于西南部市州（甘南州、定西市、天水市、陇南市）。以上结果为地理加权回归模型的应用及其有效性提供了前提。

空间权重函数的选择直接决定着模型参数估计的正确程度，所以它是地理加权回归模型（GWR）模型的核心，本节采用高斯核函数作为其空间权重函数，且采用AIC信息准则来确定最优带宽。运用地理加权回归模型进行各影响因素对农村人均收入影响程度的分析之前,对模型的拟合优度进行分析,以保证模型的科学性、准确性和合理性,具体结果如表6-9所示。

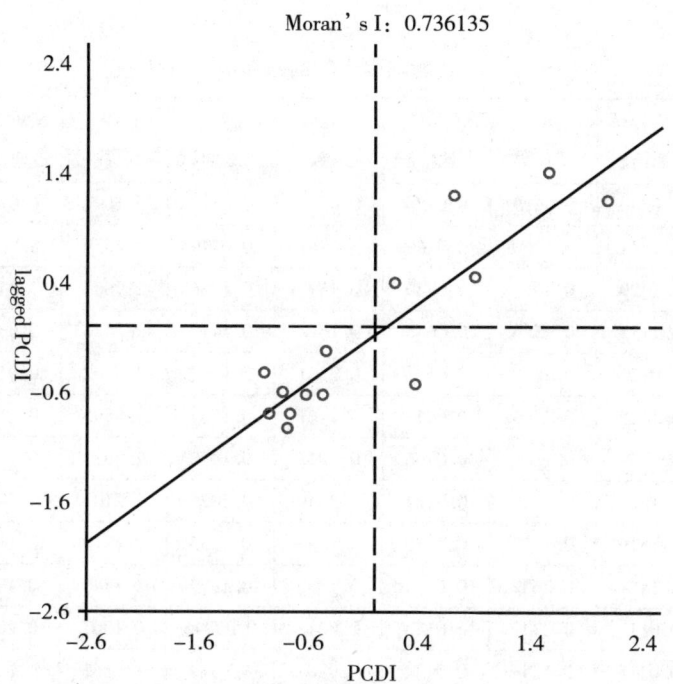

图6-8 农村人均收入的莫兰散点图

表6-9 地理加权回归模型拟合优度检验结果

模型	信息准则 AIC	R^2	R^2 Adjusted	残差平方和 RRS	残差估计标准差 Sigma
生猪养殖占地面积 GWR	257.85	0.87	0.79	224419.5	15.87
生猪养殖户数 GWR	258.37	0.86	0.79	214892.0	15.72
羊养殖占地面积 GWR	256.59	0.86	0.80	213173.4	15.33
羊养殖户数 GWR	256.91	0.85	0.79	233067.3	15.87
牛养殖占地面积 GWR	258.08	0.86	0.79	225530.8	15.94
牛养殖户数 GWR	258.74	0.86	0.79	217780.0	15.92
家禽养殖占地面积 GWR	256.78	0.86	0.80	221208.0	15.56
家禽养殖户数 GWR	259.48	0.83	0.76	263180.6	17.07

结果显示，判定系数 R^2 均达到了 0.83 以上，调整的判定系数 R^2 Adjusted 均达 0.79 以上，表明模型的拟合效果非常好，整体上均通过了拟合优度的检验。表 6-10 给出了各影响因素的回归系数。

表 6-10　　　　　　　　　各影响因素的回归系数

市州	生猪养殖占地面积	生猪养殖户数	羊养殖占地面积	羊养殖户数	牛养殖占地面积	牛养殖户数	家禽养殖占地面积	家禽养殖户数
嘉峪关市	0.0240	0.0695	0.0124	0.0729	0.0510	0.1697	0.0177	0.9665
金昌市	0.9441	0.1360	0.0168	0.0941	0.0749	2.4659	0.0373	0.2184
临夏州	0.1329	0.2966	0.0730	0.1591	0.1736	2.9667	0.3481	0.3325
白银市	0.1135	0.2586	0.0648	0.1627	0.1473	2.7426	0.0892	0.3311
庆阳市	0.0923	0.2189	0.0681	0.2131	0.1194	3.0202	0.0109	0.4836
兰州市	0.1029	0.2494	0.0663	0.1467	0.1537	2.9895	0.1194	0.2734
天水市	0.1249	0.1861	0.0766	0.1945	0.1472	2.9091	0.1477	0.4131
平凉市	0.1083	0.1858	0.0724	0.2049	0.1326	3.2102	0.1425	0.5602
陇南市	0.1319	0.1837	0.0830	0.1793	0.1533	2.8710	2.1694	0.3812
定西市	0.1427	0.2697	0.0754	0.1830	0.1679	3.1848	0.4717	0.4759
酒泉市	0.0117	0.0342	0.0145	0.0613	0.03846	0.1002	0.2098	0.4198
张掖市	0.0215	0.1354	0.0134	0.0801	0.0482	1.7861	0.0278	0.1782
武威市	0.0618	0.1513	0.0370	0.0206	0.0490	3.0855	0.0687	0.2671
甘南州	0.1675	0.3162	0.0834	0.1679	0.1986	2.7264	1.7225	0.6975

注：对各影响系数进行级别划分。生猪养殖占地面积影响系数：0.071739～0.081519 为五级，0.081520～0.092283 为四级，0.092284～0.113514 为三级，0.113515～0.135857 为二级，0.135858～0.167505 为一级；生猪养殖户数影响系数：0.034216～0.109955 为五级，0.109956～0.151393 为四级，0.151394～0.231231 为三级，0.231232～0.275699 为二级，0.275700～0.316083 为一级；羊养殖占地面积影响系数：0.012271～0.014531 为五级，0.014532～0.044554 为四级，0.044555～0.065734 为三级，0.065735～0.079022 为二级，0.079023～0.083400 为一级；羊养殖户数影响系数：0.061266～0.081529 为五级，0.081530～0.111200 为四级，0.111201～0.165165 为三级，0.165166～0.200101 为二级，0.200102～0.213090 为一级；牛养殖占地面积影响系数：0.034622～0.058543 为五级，0.058544～0.100513 为四级，0.100514～0.143680 为三级，0.143681～0.155395 为二级，0.155396～0.198560 为一级；牛养殖户数影响系数：0.170982～0.802821 为五级，0.802822～1.434661 为四级，1.434662～2.066501 为三级，2.066502～2.698341 为二级，2.698342～3.330182 为一级；家禽养殖占地面积影响系数：0.013279～0.022476 为五级，0.022477～0.075110 为四级，0.075111～0.122698 为三级，0.122699～0.544421 为二级，0.544422～2.169841 为一级；家禽养殖户数影响系数：0.019840～0.096494 为五级，0.096495～0.188224 为四级，0.188225～0.267056 为三级，0.267057～0.381147 为二级，0.381148～0.697490 为一级。

（一）生猪养殖占地面积和户数对各市州农村人均收入的影响一致

图6-9为生猪养殖占地面积对农村人均收入的影响系数。如图6-9所示，各市州生猪养殖占地面积回归系数均为正，对农户人均可支配收入有正向的影响，这和预期一致。从其空间分布来看，存在从南向北递减的趋势。其中，西南部定西市和甘南州[1]系数为最高，天水市、陇南市、临夏州次之，说明这些地区的生猪养殖占地面积对农村人均收入的贡献率较大；西北部的酒泉市、嘉峪关市、中部的张掖市系数最小，说明这些地区的生猪养殖占地面积对农村人均收入的贡献率较小。

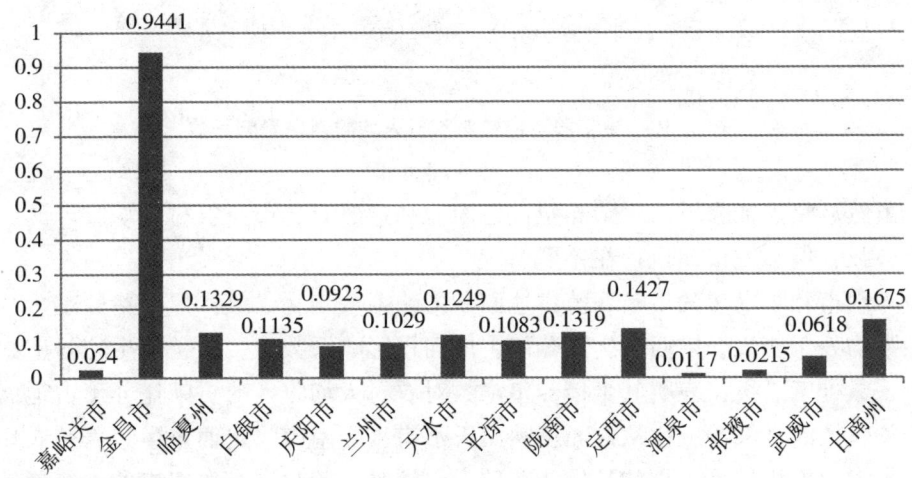

图6-9 生猪养殖占地面积对农村人均收入的影响系数

图6-10为生猪养殖户数对农村人均收入的影响系数。如图6-10所示，各市州生猪养殖户数回归系数均为正，对农户人均可支配收入有正向的影响，这和预期一致。从其空间分布来看，存在着由南向北递减的趋势。其中，西南部的甘南州和临夏州系数最高，说明这些地区的生猪养殖户数对农村人均收入的贡献率大；西北部的酒泉市、嘉峪关市、张掖市系数最低，说明这些地区的生猪养殖户数对农村人均收入的贡献率较小。

---

[1] 估计结果说明：由于甘南州在第三次农业普查中缺少合作市、舟曲县、迭部县、玛曲县、夏河县的生猪、羊、牛、家禽养殖占地面积和养殖户数的数据，导致甘南州生猪、羊、牛、家禽的养殖占地面积和养殖户数偏小，进而使得生猪、羊、牛、家禽的养殖占地面积和养殖户数对农村人均收入的贡献偏大。下文中关于甘南州养殖占地面积和养殖户数对农村人均收入贡献偏大的结果均在此一并解释，不再重复。

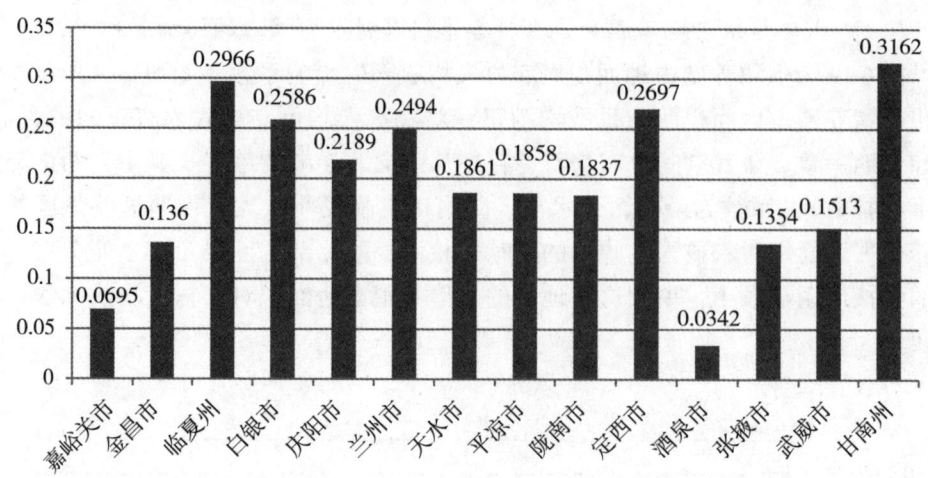

图 6-10　生猪养殖户数对农村人均收入的影响系数

虽然从整体上来看，生猪养殖占地面积和户数对各市州农村人均收入的影响较为一致，但个别市州也存在差别。

天水市和陇南市的生猪养殖占地面积影响系数均为二级，但生猪养殖户数影响系数均处于三级，定西市生猪养殖占地面积影响系数为一级，但生猪养殖户数影响系数处于二级，表明其生猪养殖户数对农村人均收入的贡献比养殖占地面积对人均收入的贡献小，也从侧面反映出天水市、陇南市、定西市生猪养殖农户平均养殖占地面积较大，也就是生猪养殖大户较多；兰州市、白银市的生猪养殖占地面积影响系数均为三级，但生猪养殖户数影响系数均处于二级，临夏州的生猪养殖占地面积影响系数为二级，但生猪养殖户数影响系数处于一级，庆阳市的生猪养殖占地面积影响系数为四级，但生猪养殖户数影响系数处于三级，表明这几个市州的生猪养殖户数对农村人均收入的贡献比养殖占地面积对人均收入的贡献大，也从侧面反映出其主要以小农户养殖生猪为主。

(二) 羊养殖占地面积和户数都存在从东南向西北递减的趋势

图 6-11 为羊养殖占地面积对农村人均收入的影响系数。图 6-11 所示，各市州羊养殖占地面积回归系数均为正，对农户人均可支配收入有正向的影响，这和预期一致。从其空间分布来看，存在从南往北递减的趋势。其中，甘南州、陇南市系数最高，说明这些地区的羊养殖占地面积对农村人均收入的贡献率大；酒泉市、嘉峪关市、张掖市系数最低，说明这些地区的羊养殖占地面积对农村人均收入的贡献率较小。

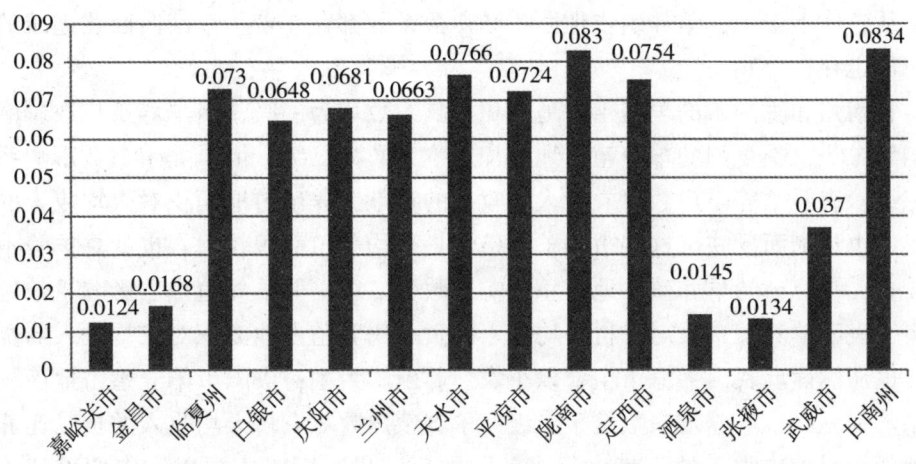

图 6-11 羊养殖占地面积对农村人均收入的影响系数

图 6-12 为羊养殖户数对农村人均收入的影响系数。如图 6-12 所示，各市州羊养殖户数回归系数均为正，对农户人均可支配收入有正向的影响，这和预期一致。从其空间分布来看，存在着从东南向西北递减的趋势。其中，平凉市和庆阳市系数最高，说明这些地区的羊养殖户数对农村人均收入的贡献率大；酒泉市、嘉峪关市、张掖市系数最低，说明这些地区的羊养殖户数对农村人均收入的贡献率较小。

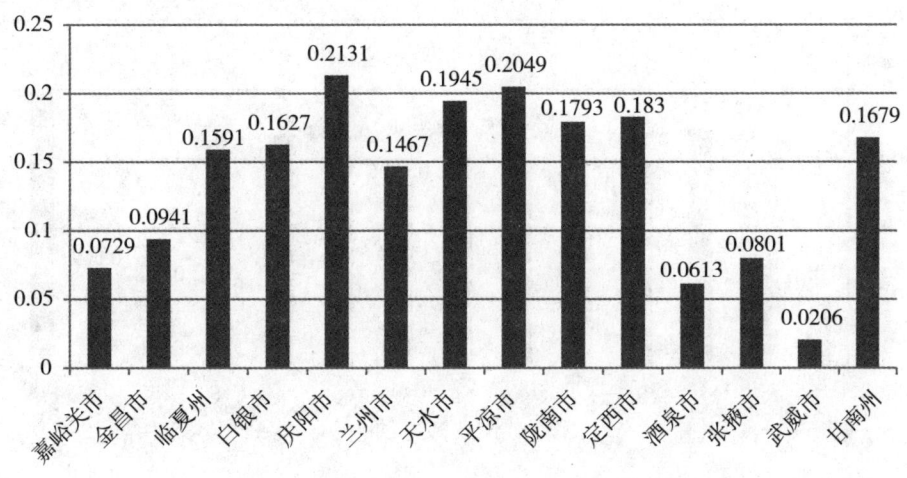

图 6-12 羊养殖户数对农村人均收入的影响系数

从整体上来看，羊养殖占地面积和户数系数都存在着从东南向西北递减的趋势，但也存在差别。

甘南州和陇南市的羊养殖占地面积影响系数均为一级，但羊养殖户数影响系数均为二级，临夏州的羊养殖占地面积影响系数为二级，但羊养殖户数影响系数为三级，表明羊养殖户数对农村人均收入的贡献比养殖占地面积对人均收入的贡献小，也从侧面反映出这些市州羊养殖农户平均养殖面积较大，也就是羊养殖大户较多；平凉市的羊养殖占地面积影响系数为二级，但羊养殖户数影响系数处于一级，表明羊养殖户数对农村人均收入的贡献比养殖占地面积对人均收入的贡献大，也从侧面反映出平凉市主要以小农户养殖羊为主；庆阳市羊养殖占地面积影响系数为三级，羊养殖户数处于二级，羊养殖户数对农村人均收入的贡献比养殖占地面积对人均收入的贡献大得多，同样反映出庆阳市主要以小农户养殖羊为主。

（三）牛养殖占地面积、户数对农村人均收入的影响空间分布不一致

图 6-13 为牛养殖占地面积对农村人均收入的影响系数。如图 6-13 所示，各市州牛养殖占地面积回归系数均为正，对农户人均可支配收入有正向的影响，这和预期一致。从其空间分布来看，呈现出从南向北递减的趋势。其中，临夏州、定西市、甘南州系数最高，说明这些市州的牛养殖占地面积对农村人均收入的贡献率大；酒泉市、嘉峪关市、张掖市系数最低，说明这些地区的牛养殖占地面积对农村人均收入的贡献率较小。

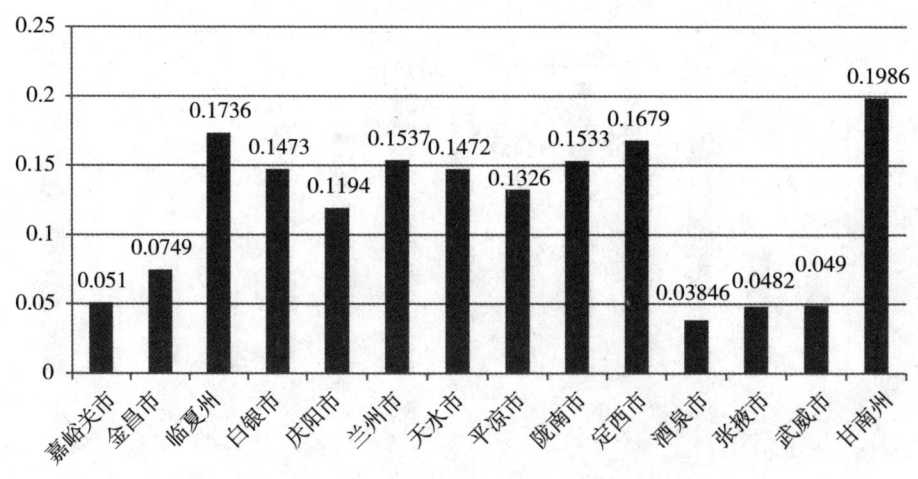

图 6-13　牛养殖占地面积对农村人均收入的影响系数

图 6-14 为牛养殖户数对农村人均收入的影响系数。如图 6-14 显示，各市州牛养殖户数回归系数均为正，对农户人均可支配收入有正向的影响，这和预期一致。从其空间分布来看，中南部影响系数高，中北部影响系数低。其中，武威市、兰州市、白银市、临夏州、定西市、平凉市、庆阳市、甘南州、天水市、陇南市系数最高，说明这 10 个市州的牛养殖户数对农村人均收入的贡献率大；酒泉市、嘉峪关市系数最低，说明这些地区的牛养殖户数对农村人均收入的贡献率较小。

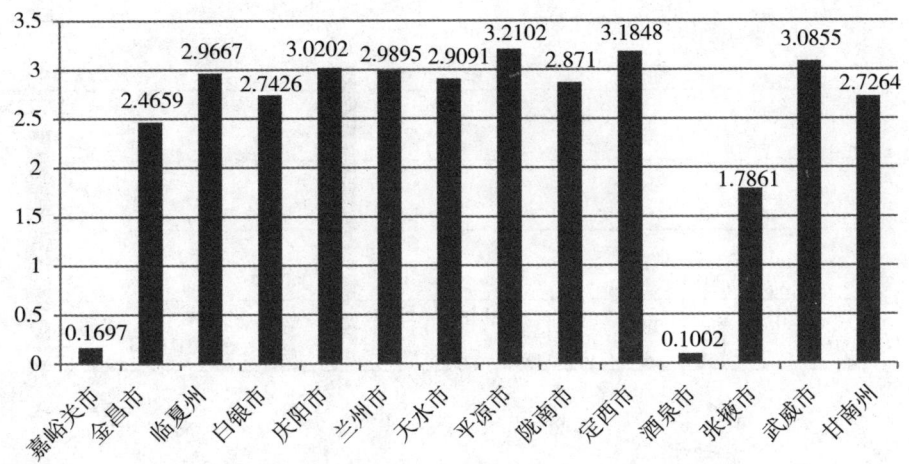

图 6-14 牛养殖户数对农村人均收入的影响系数

从整体来看，甘肃省牛养殖占地面积系数、户数系数对农村人均收入的影响空间分布并不一致，牛养殖占地面积系数西南部影响系数较高，牛养殖户数影响系数中南部影响系数较高。

兰州市、白银市、天水市、陇南市的牛养殖占地面积影响系数均为二级，但牛养殖户数影响系数均处于一级，表明其牛养殖户数对农村人均收入的贡献比养殖占地面积对人均收入的贡献大，从侧面反映出兰州市、白银市、天水市、陇南市主要以小农户养殖牛为主；张掖市、金昌市、武威市、平凉市、庆阳市农户的牛养殖占地面积系数分别为五级、四级、四级、三级、三级，其牛养殖户数分别处于三级、二级、一级、一级、一级，表明牛养殖户数对农村人均收入的贡献比养殖占地面积对人均收入的贡献大得多，同样反映出这 5 个地区主要以小农户养殖牛为主。

(四)家禽养殖占地面积和户数对各市州农村人均收入的影响较为一致

图 6-15 为家禽养殖占地面积对农村人均收入的影响系数。如图 6-15 所示,各市州家禽养殖占地面积回归系数均为正,对农户人均可支配收入有正向的影响,这和预期一致。从其空间分布来看,呈现出从南向北递减的趋势。其中,西南部的陇南市和甘南州系数最高,说明这些地区的家禽养殖占地面积对农村人均收入的贡献率大;酒泉市、嘉峪关市、张掖市系数最低,说明这些地区的家禽养殖占地面积对农村人均收入的贡献率较小。

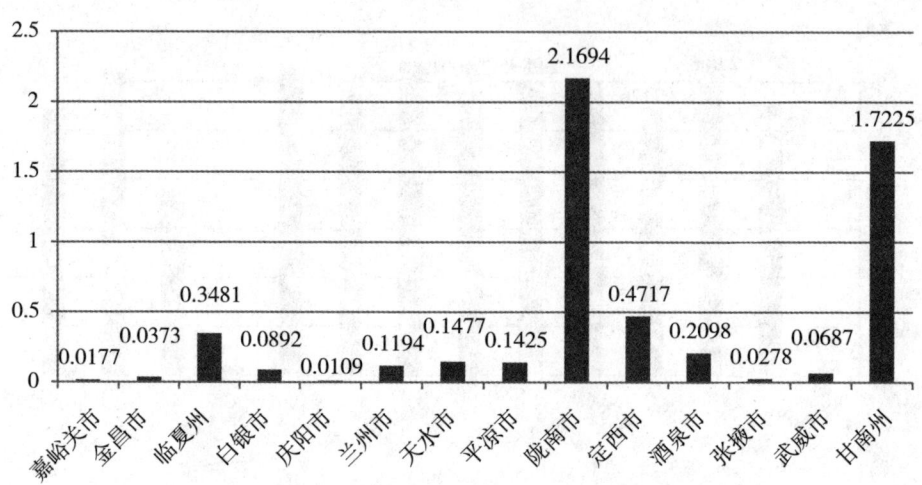

图 6-15 家禽养殖占地面积对农村人均收入的影响系数

图 6-16 为家禽养殖户数对农村人均收入的影响系数。如图 6-16 所示,各市州家禽养殖户数回归系数均为正,对农户人均可支配收入有正向的影响,这和预期一致。从其空间分布来看,呈现从东南向西北递减的趋势。其中,临夏州、定西市、平凉市、庆阳市、甘南州、天水市、陇南市系数最高,说明这些地区的家禽养殖户数对农村人均收入的贡献率大;酒泉市、嘉峪关市系数最低,说明这些地区的家禽养殖户数对农村人均收入的贡献率较小。

虽然从整体上来看,家禽养殖占地面积和户数对各市州农村人均收入的影响较为一致,但各市州也存在差别。

兰州市、白银市的家禽养殖占地面积影响系数均为三级,但家禽养殖户数影响系数均处于二级,武威市、金昌市的家禽养殖占地面积影响系数均为四级,但家禽养殖户数影响系数均处于三级,表明其家禽养殖户数对农村人均收入的贡献比养殖占地面积对人均收入的贡献大,也从侧面反映出这些市州主要以小农户养殖家禽为主;庆阳市家禽养殖占地面积系数为三级,其家禽养殖户数处于一级,表明家禽养殖户数对农村人均收入的贡献比养殖占地面积对人均收入的贡献大得多,同样反映出庆阳市主要以小农户养殖家禽为主。

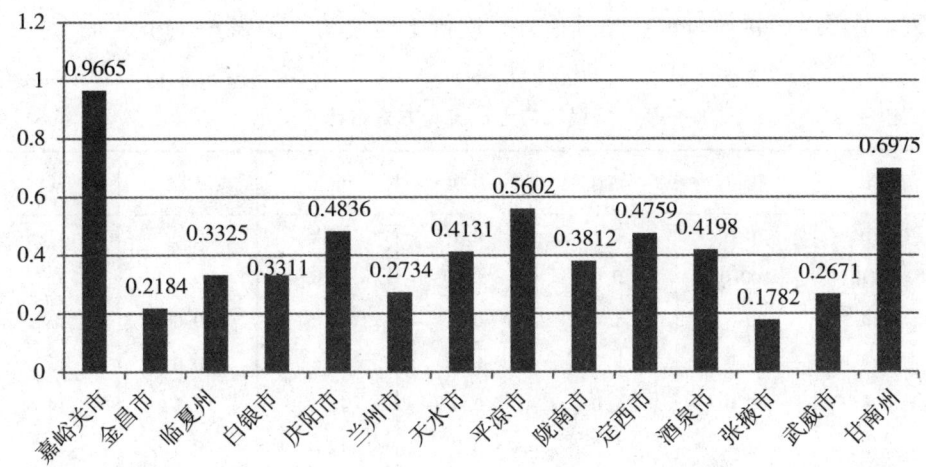

图 6-16　家禽养殖户数对农村人均收入的影响系数

三、土地流转状况

(一) 转包是土地流转的主要方式

在土地流转面积中,张掖市土地流转面积最大;其次是金昌市、酒泉市、武威市、白银市、兰州市、平凉市、庆阳市、定西市、陇南市、天水市、临夏州、甘南州、嘉峪关市。在流转方式中,实行转包方式的土地流转面积比例最大,为78.7%;其次是出租方式,占比为16.0%,实行转让和入股方式的土地转流面积占比为0.8%和0.2%,说明甘肃省规模农户中主要的土地流转方式是转包。

从各市州来看,嘉峪关市实行转包方式的土地流转面积比例最大,接近100%,临夏州比例最小,为25.5%;从出租流转方式来看,陇南市、临夏州、甘南州、酒泉市的土地面积占总流转土地面积的30%左右,定西市比例为22.3%,兰州市、金昌市、天水市、张掖市均在15%左右,武威市、平凉市在10%左右,白银市为4.6%;在采用转让方式中,临夏州占比最大,为23.1%,其他行政区均在1%左右;采用其他流转方式,陇南市、临夏州、白银市、天水市、兰州市占比均在15%左右，其他市州的占比均在5%左右；实行互换和入股方式的农户比例极低。可知，嘉峪关市完全是通过转包的方式进行土地流转，兰州市、金昌市、武威市、张掖市、酒泉市、庆阳市、定西市、甘南州主要通过转包和出租方式进行土地流转，白银市主要通过转包和其他方式进行土地流转，天水市、陇南市主、武威市、平凉市要通过转包、出租和其他方式进行土地流转，临夏州主要通过转包、转让和其他方式进行土地流转（见表6-11）。

表6-11　　　　　　　　规模农户土地流转方式占比　　　　　　　　（%）

市州	转包	转让	互换	出租	入股	其他
兰州市	70.6	2.1	0.1	15.5	0.0	11.6
嘉峪关市	100.0	0.0	0.0	0.0	0.0	0.0
金昌市	80.5	1.4	0.0	16.5	0.0	1.6
白银市	79.7	2.7	0.0	4.6	0.0	13.0
天水市	62.0	1.0	0.0	16.2	6.3	14.5
武威市	82.4	1.2	0.2	12.4	0.3	3.4
张掖市	80.3	0.2	0.0	15.9	0.1	3.5
平凉市	86.5	0.3	0.0	7.9	0.2	5.1
酒泉市	64.7	1.8	0.0	26.9	0.4	6.3
庆阳市	90.9	0.0	0.0	7.8	0.0	1.3
定西市	71.3	0.5	0.0	22.3	1.1	4.8
陇南市	44.2	2.1	0.0	33.5	1.7	18.5
临夏州	25.5	23.1	0.0	35.2	0.0	16.2
甘南州	63.8	0.0	0.0	34.9	0.0	1.3

（二）流转耕地主要用于农作物种植

在流转耕地用途中，用于农作物种植的面积占流转耕地面积的96.5%，用于园林作物种植或苗木培育的占1.6%，用于林业经营的占0.6%，用于畜禽养殖（包括圈舍）占0.3%，用于其他用途的占0.9%，用于水产品养殖的占比接近0%。从各市州来看，兰州市85.4%的流转耕地用于农作物种植，嘉峪关市、金昌市、甘南州、武威市、酒泉市、张掖市接近100%，白银市为93.8%，还有4.8%的流转耕地用作其他用途，天水市为78.2%，13.1%的流转耕地用于畜禽养殖（包括圈舍）；平凉市为73.1%，18.2%流转耕地用于园林作物种植或苗木培育；庆阳市、定西市均为65%，且用于园林作物种植或苗木培育的比例均为20%左右；陇南市为73.8%，还有14.3%的面积用于其他用途；临夏州为88.1%，用于林业经营和用于畜禽养殖（包括圈舍）的面积占比均为5%左右。

由以上可知，嘉峪关市、金昌市、甘南州、武威市、酒泉市、张掖市流转耕地用途几乎全用于农作物种植，其他州市超过60%的流转耕地也用于农作物种植；另外，兰州市、平凉市、庆阳市有小部分流转耕地用于园林作物种植或苗木培育，天水市有小部分流转耕地用于畜禽养殖（包括圈舍）和园林作物种植或苗木培育，定西市有小部分流转耕地用于园林作物种植或苗木培育和林业经营，陇南市有小部分流转耕地用于林业经营，临夏州有小部分流转耕地用于林业经营和畜禽养殖。

（三）土地流转流入林地的主要方式是转包

由图6-17可知，各市州主要方式为转包，其中金昌市、天水市、张掖市、陇南市、临夏州占比将近100%，也就是说在这几个市州中，土地流转流入林地全靠土地转包方式；白银市流入林地方式有三种，其中，转让方式在14个市州中占比最大，为36%；从以出租的形式流入林地来看，平凉市占比最大，为55%，其次为武威市，为41%。

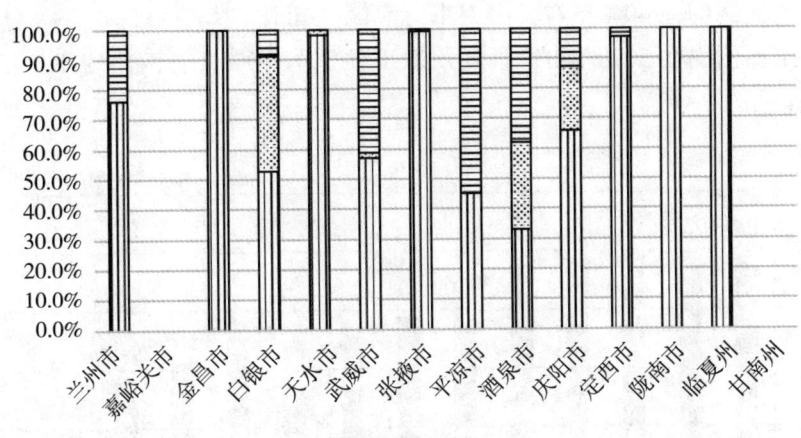

图6-17 流入林地方式

四、经营牧草地状况

在甘肃省有确权（承包）或经营的牧草地（草场）规模农户中，甘南州农户数目占比最大，为30.8%，占比最小的当属嘉峪关市，几乎为0；在甘肃省无确权（承包）或经营的牧草地（草场）规模农户中，张掖市农户数目占比最大，为36%，其次是酒泉市农户数目，占比为20%；在甘肃省规模农户确权（承包）的牧草地（草场）面积中，酒泉市规模农户草场面积占比最大，均为83.3%；在甘肃省规模农户2016年末通过转包、转让、出租等方式流出的牧草地（草场）面积中，酒泉市规模农户草场面积占比最大，达到99.2%，其次是张掖市草场面积，占比为6%；在甘肃省规模农户2016年末通过转包、转让、出租等方式流入的牧草地（草场）面积中，酒泉市规模农户草场面积占比最大，为95.4%；在甘肃省规模农户2016年实际经营的牧草地（草场）面积中，酒泉市草场面积占比最大，达到84.7%；在甘肃省规模农户打草量中，张掖市规模农户打草量公斤数占比最大，为34.4%。

五、农业经营单位经营方式

（一）城镇化水平越低的地方，使用雇工越少

在规模农业经营户中，兰州市使用雇工的农业经营单位比例最大，为54.9%，也就是说54.9%的规模农业经营单位在使用雇工；平凉市、张掖市、庆阳市、定西市使用雇工的经营单位比例均在50%左右，兰州市、酒泉市、陇南市使用雇工的比例均在40%左右，白银市、嘉峪关市比例均在35%左右，天水市、武威市雇工比例均在30%左右；临夏州雇工比例为20%，甘南州雇工比例最小，为1.2%（见图6-18）。

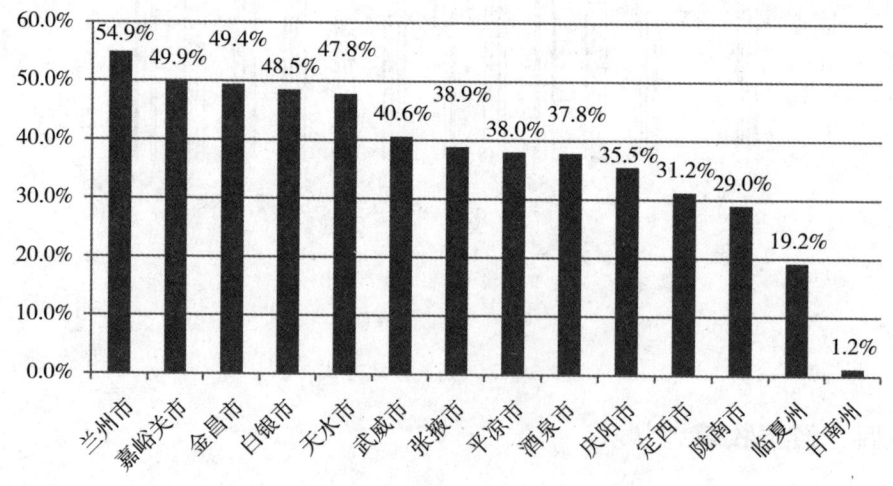

图6-18 规模农业经营户雇工情况

金昌市、平凉市、张掖市、庆阳市、定西市农业经营户在进行农业经营性活动时，更倾向于雇用劳动力，其他市州农业经营户更倾向于农户自己劳动，特别是甘南州，几乎农业活动由农户自己家庭成员完成。

（二）大部分地区农业经营单位参加农业保险的意识较弱

从全省来看，没有参加农业保险的经营单位占比最大，为62.0%；既参加政策性保险又参加商业性保险的农业经营单位占比最小，为2.4%；仅参加政策性保险的比例为29.9%，仅参加商业性保险的比例为5.7%，表明甘肃省50%以上的农业经营单位参加农业保险的意识较弱。

表6-12为农业经营单位参加农业保险比例情况。从各市州来看，在没有参加农业保险的农业经营单位中，金昌市占比最大，为90.8%，其次是嘉峪关市和张掖市占比均在80%以上，平凉市占比最小，为38.9%，表明平凉市农业经营单位相对于其他州市参加农业保险的意识较强，金昌市、嘉峪关市、张掖市农业经营单位相对于其他州市参加农业保险的意识更弱。在仅参加政策性保险的农户中，甘南州、平凉市农业经营单位占比最大，为50%左右，占比最小的是金昌市，为4.6%，陇南市、临夏州、酒泉市、兰州市占比均在20%左右，白银市、天水市、武威市、定西市均在35%左右，庆阳市为44.5%，嘉峪关市、张掖市均在12%左右。在仅参加商业性保险的农业经营单位中，临夏州占比最大，为13.0%，占比最小的是嘉峪关市和甘南州均为1.3%，其他市州占比均在5%左右。在既参加政策性保险又参加商业性保险的农业经营单位中，酒泉市和天水市占比最大，为3.9%，占比最小的是嘉峪关市，几乎为0%，说明在各市州中很少有农户参加两份农业保险，且参加政策性保险的农户比例要高于参加商业性保险的农户比例。

表6-12　　　　农业经营单位参加农业保险比例　　　　　　（%）

市　州	仅参加政策性保险	仅参加商业性保险	既参加政策性保险又参加商业性保险	没有
兰州市	19.6	4.8	2.2	73.4
嘉峪关市	15.2	1.3	0.0	83.5
金昌市	4.6	4.2	0.4	90.8
白银市	36.6	5.9	1.5	56.0
天水市	37.5	7.2	3.9	51.3
武威市	38.5	6.5	3.4	51.5
张掖市	11.0	5.2	1.4	82.4

续表

市 州	仅参加政策性保险	仅参加商业性保险	既参加政策性保险又参加商业性保险	没有
平凉市	49.0	8.5	3.7	38.9
酒泉市	18.4	8.1	3.9	69.6
庆阳市	44.5	4.8	3.6	47.1
定西市	33.9	3.5	1.8	60.8
陇南市	21.3	4.5	2.4	71.8
临夏州	20.4	13.0	2.3	64.4
甘南州	49.9	1.3	0.4	48.4

(三) 各市州经营单位牧草地（草场）情况

在甘肃省有确权（承包）或经营的牧草地（草场）经营单位中，定西市经营单位数目占比最大，为14%，经营单位数目占比最小的当属嘉峪关市，不足1%。在甘肃省无确权（承包）或经营的牧草地（草场）经营单位中，陇南市经营单位数最多，占比最大，为13.8%，其次是定西市经营单位数，占比为12.2%；在甘肃省经营单位确权（承包）的牧草地（草场）面积中，张掖市经营单位草场面积占比最大，均为53.8%。在甘肃省经营单位2016年末通过转包、转让、出租等方式流出的牧草地（草场）面积中，张掖市经营单位草场面积占比最大，达到78.3%，其次是武威市经营单位草场面积，占比为14.4%。在甘肃省经营单位2016年末通过转包、转让、出租等方式流入的牧草地（草场）面积中，庆阳市经营单位草场面积占比最大，为57.2%；在甘肃省经营单位2016年实际经营的牧草地（草场）面积中，张掖市经营单位草场面积占比最大，达到57.2%。在甘肃省经营单位打草量中，张掖市经营单位打草量公斤数占比最大，为25.1%。

(四) 农业合作社情况

图6-19为各市州合作社有土地经营的比例，由图6-19可知，嘉峪关市合作社有土地经营的单位占比最大，达到86.8%；其次是金昌市，比例为62.6%，占比最小的是武威市，比例为20.7%。

图6-20（图中仅显示"入社土地经营权完全转移，合作社统一经营"的数据标签）为各市州合作社土地经营方式，可知各市州均包含三种合作社土地经营方式，其中入社土地经营权完全转移，合作社统一经营以及入社土地经营权没有转移，合作社提供服务这两种方式占比最大。在经营方式为入社土地经营权完全

转移，合作社统一经营中，庆阳市这种经营方式占比最大，为54.5%，占比最小的为甘南州，为30.1%。在经营方式为入社土地经营权没有转移，合作社提供服务中，定西市这种经营方式占比最大，为52.5%，占比最小的为庆阳市，为28.3%。在经营方式为以上两种混合中，除了嘉峪关市和临夏州占比在10%左右外，其他市州占比均在20%左右。

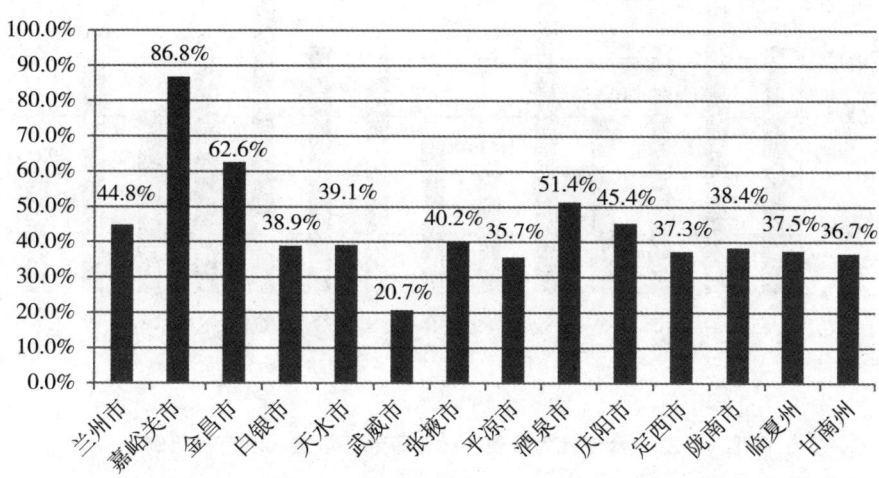

图 6-19 合作社有土地经营的比例

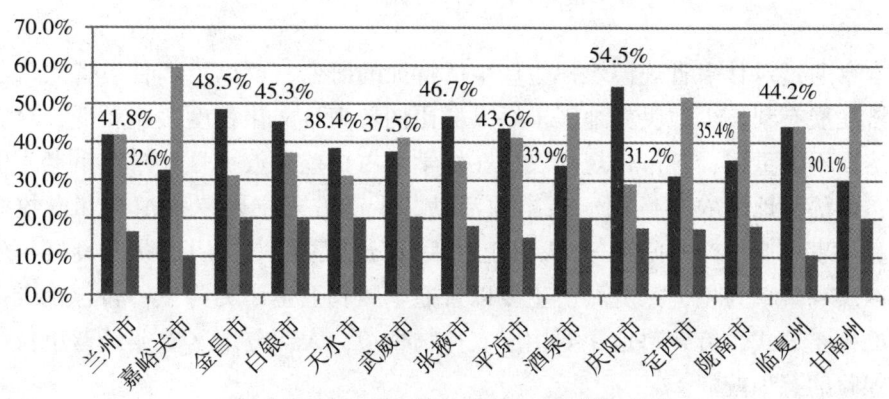

图 6-20 合作社土地经营方式

图 6-21 为合作社为农业、林业等部门认定的示范社比例，其中在庆阳市经营单位合作社中，为农业、林业等部门认定的示范社比例最高，为 26.4%，武威市、甘南州比例最小，在 10% 左右。

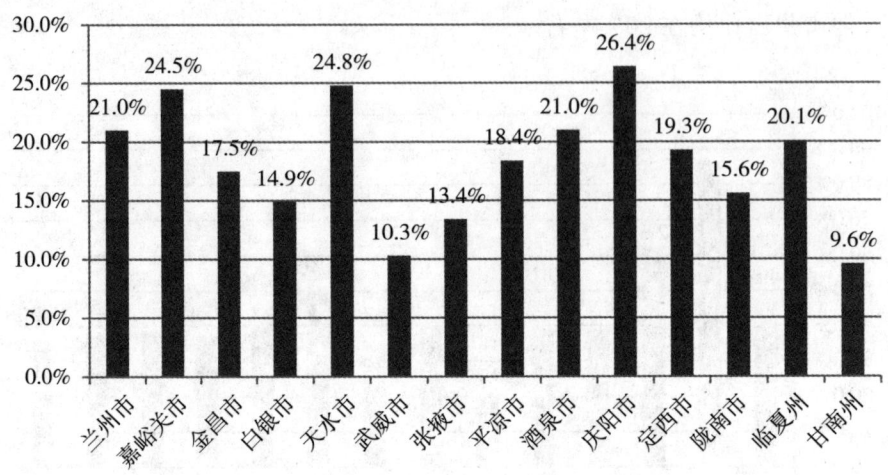

图 6-21 合作社为农业、林业等部门认定的示范社比例

第四节 本章小结

本章通过对甘肃省规模农户生产生活特征的研究，可以了解甘肃省人口条件对经济发展有利，少数民族地区未婚人群比例较高且文化程度普遍较低，对农业技术培训不够重视，各市州规模农户在校学生占比差异较小且农村空巢老人占比较低；大部分地区农户倾向于在本地活动，生产方式主要以种植业和畜牧业为主，且从事农业生产时间在 30 天以上；大部分地区农户饮用水状况良好，生活用能以煤和柴草为主，家庭厕所主要以普通旱厕和卫生旱厕为主；转包是土地流转流的主要方式，流转耕地主要用于农作物种植，大部分地区农业经营单位参加农业保险的意识较弱。

第七章 普通农户与规模农户特征比较研究

前文已对普通农户和规模农户的生产生活特征进行了分析,本章将对它们进行比较研究,主要是三个方面,分别是基本特征、生活特征及生产特征。对普通农户和规模农户的生产生活特征比较研究有利于深入了解普通农户和规模农户之间存在的相同点和不同点,政策制定和实施更有针对性,这也正是第三次全国农业普查首次将规模农户和普通农户进行区别普查的目的所在。

第一节 基本特征比较

本节将对普通农户和规模农户的基本特征进行比较研究。主要从婚姻状况、受教育程度、在校学生情况、从事农业生产时间、从事农业行业类型、农业技术培训情况、从事非农产业情况、空巢老人情况等几个方面进行展开,主要采用的方法是方差分析。

一、婚姻状况存在差异

1. 针对普通农户和规模农户的婚姻状况比较,分别对未婚率、有配偶率、离婚率、丧偶率进行方差分析,验证普通农户和规模农户之间存在的差异(见表7-1~表7-4)。

表 7-1　　　　　普通农户和规模农户未婚状况的方差分析

差异源	平方和	df	均方	F	显著性
组间	0.001	1	0.001	0.699	0.411
组内	0.024	26	0.001		
总数	0.025	27			

表 7-2　普通农户和规模农户有配偶状况的方差分析

差异源	平方和	df	均方	F	显著性
组间	0.000	1	0.000	0.103	0.751
组内	0.024	26	0.001		
总数	0.024	27			

表 7-3　普通农户和规模农户离婚状况的方差分析

差异源	平方和	df	均方	F	显著性
组间	0.000	1	0.000	7.691	0.010
组内	0.000	26	0.000		
总数	0.000	27			

表 7-4　普通农户和规模农户丧偶状况的方差分析

差异源	平方和	df	均方	F	显著性
组间	0.001	1	0.001	6.827	0.015
组内	0.002	26	0.000		
总数	0.003	27			

在未婚率和有配偶率方差分析表中，$p>0.05$，表明普通农户和规模农户在未婚率、有配偶率方面差异不显著；在未婚率和丧偶率方差分析表中，$p<0.05$，表明普通农户和规模农户在未婚率和丧偶率方面存在差异，具体表现为：普通农户的离婚率均高于规模农户（甘南州除外），普通农户的丧偶率均高于规模农户（嘉峪关市除外）。

2. 普通农户婚姻状况各市州之间的差异和规模农户婚姻状况各市州之间的差异基本一致。

由普通农户婚姻状况和规模农户婚姻状况各市州比较分析可知，在普通农户中，兰州市分别和嘉峪关市、武威市之间存在差异，与此相比，在规模农户中，与兰州市婚姻状况存在差异的，增加了白银市；普通农户中，嘉峪关市分别和白银市、天水市、张掖市、酒泉市、平凉市、庆阳市、定西市、陇南市、临夏州、甘南州之间存在差异，这与规模农户中嘉峪关市农户婚姻状况存在差异的市州一致；在普通农户中，金昌市分别和天水市、张掖市、平凉市、庆阳市、定西市、陇南市、临夏州、甘南州之间存在差异，而在规模农户中，与金昌市农户婚姻状况存在差异的少了平凉市、庆阳市、定西市和临夏州；在普通农户中，武威市分别和庆阳市、陇南市、临夏州、甘南州之间存在差异，与此相比，在规模农户中，与武威市婚姻状况存在差异的少了庆阳市、临夏州，增加了天水市；不管在普通农户还是规模农户中，白银市和陇南市之间都存在差异。

3. 通过对各市州普通农户、规模农户婚姻状况对比，发现各市州普通农户和规模农户的婚姻状况差别不大，存在差别也基本上在2%左右（见表7-5）。

表7-5　　　各市州普通农户、规模农户婚姻状况对比　　　　　　（%）

婚姻状况		未婚	有配偶	离婚	丧偶
兰州市	普通农户	31.8	61.3	1.3	5.6
	规模农户	33.6	61.8	0.5	4.0
嘉峪关市	普通农户	27.9	64.6	1.6	5.8
	规模农户	29.0	61.7	0.9	8.4
金昌市	普通农户	31.6	62.2	1.0	5.3
	规模农户	34.3	61.5	0.7	3.5
白银市	普通农户	37.6	57.0	0.8	4.6
	规模农户	38.0	58.2	0.5	3.3
天水市	普通农户	37.1	57.5	0.7	4.7
	规模农户	36.5	59.1	0.4	4.1
武威市	普通农户	32.5	61.6	0.8	5.1
	规模农户	34.9	60.6	0.5	4.0
张掖市	普通农户	29.4	63.9	1.2	5.4
	规模农户	31.4	63.3	0.8	4.5
平凉市	普通农户	35.1	58.3	1.0	5.6
	规模农户	34.7	60.5	0.6	4.2
酒泉市	普通农户	32.1	61.7	1.3	5.0
	规模农户	33.9	61.3	0.9	4.0
庆阳市	普通农户	34.4	59.1	1.3	5.2
	规模农户	35.3	59.7	0.9	4.1
定西市	普通农户	35.2	58.0	1.2	5.6
	规模农户	33.6	62.1	0.7	3.7

续表

婚姻状况		未婚	有配偶	离婚	丧偶
陇南市	普通农户	36.2	57.0	1.0	5.8
	规模农户	35.4	59.1	0.6	4.9
临夏州	普通农户	35.4	59.1	0.6	4.9
	规模农户	35.3	60.6	0.6	3.5
甘南州	普通农户	38.6	53.3	1.8	6.3
	规模农户	42.2	50.6	2.1	5.1

从各市州来看，兰州市的普通农户和规模农户的有配偶率和离婚率几乎没有差别，规模农户的未婚率高于（2%）普通农户，规模农户的丧偶率低于（2%）普通农户；嘉峪关市、定西市的普通农户和规模农户的离婚率和未婚率几乎没有差别，嘉峪关市普通农户的有配偶率高于（3%）规模农户，定西市普通农户有配偶率低于（4%）规模农户，两市普通农户丧偶率均低于（2%）规模农户；金昌市、武威市、张掖市、酒泉市普通农户和规模农户有配偶率、离婚率和丧偶率几乎没有差别，但规模农户的未婚率高于普通农户，分别高出2%、3%、2%、2%；白银市普通农户和规模农户有未婚率、有配偶率和离婚率几乎没有差别，普通农户的丧偶率高于（2%）规模农户；天水市、陇南市和临夏州的普通农户和规模农户有未婚率、离婚率和丧偶率几乎没有差别，且规模农户有配偶率均高于（2%）普通农户；平凉市普通农户和规模农户离婚率、未婚率几乎没有差别，规模农户有配偶率低于（3%）普通农户，丧偶率高于（2%）普通农户；庆阳市普通农户和规模农户的婚姻状况几乎没有区别；甘南州普通农户和规模农户离婚率、未婚率几乎没有差别，规模农户未婚率高于（3%）普通农户，有配偶率低于（2%）普通农户。

二、文化程度几乎不存在差异

1. 针对普通农户和规模农户的文化程度比较，分别对未上学率、小学率、初中率、高中或中专学历比率、大专及以上学历比率进行方差分析，验证普通农户和规模农户之间存在的差异（见表7-6～表7～10）。

表 7-6　　　　　普通农户和规模农户未上学率的方差分析

差异源	平方和	df	均方	F	显著性
组间	0.007	1	0.007	2.776	0.108
组内	0.067	26	0.003		
总数	0.075	27			

表 7-7　　　　　普通农户和规模农户小学率的方差分析

差异源	平方和	df	均方	F	显著性
组间	0.000	1	0.000	0.059	0.810
组内	0.218	26	0.008		
总数	0.219	27			

表 7-8　　　　　普通农户和规模农户初中率的方差分析

差异源	平方和	df	均方	F	显著性
组间	0.000	1	0.000	0.054	0.818
组内	0.203	26	0.008		
总数	0.204	27			

表 7-9　　　　普通农户和规模农户高中及中专学历比率的方差分析

差异源	平方和	df	均方	F	显著性
组间	0.002	1	0.002	1.582	0.220
组内	0.030	26	0.001		
总数	0.032	27			

表 7-10　　　普通农户和规模农户大专及以上学历比率的方差分析

差异源	平方和	df	均方	F	显著性
组间	0.002	1	0.002	3.144	0.088
组内	0.016	26	0.001		
总数	0.018	27			

从表 7-6~表 7-10 中可以看出，普通农户和规模农户不论是在未上学率、小学率、初中率、高中及中专学历比率、大专及以上学历比率的方差分析中，均显示 $p>0.05$，说明普通农户和规模农户在这几个方面没有显著差异。

2. 通过对各市州普通农户、规模农户文化程度的对比，发现临夏州和甘南州不管是在规模农户调查中还是在普通农户调查中，其初中以下学历占比最大，初中及其以上学历占比最小，说明临夏州和甘南州农户在 14 个市州中文化水平普遍最低，其次是陇南市农户；嘉峪关市的普通农户和规模农户中，初中以下学历占比最小，初中以上学历占比较大，说明嘉峪关市普通农户文化水平普遍高于其他市州普通农户；在普通农户中，白银市初中以上学历占比并不高，然而在规模农户中其占比最高，说明白银市规模农户文化水平普遍高于普通农户（见表7-11）。

表 7-11　　　　　普通农户、规模农户文化程度对比　　　　（%）

文化程度		未上学	小学	初中	高中及上	大专及以上
兰州市	普通农户	12.7	30.3	39.8	12.4	4.7
	规模农户	11.5	31.4	35.8	14.8	6.4
嘉峪关市	普通农户	10.2	28.8	41.5	13.4	6.1
	规模农户	4.7	33.6	43.0	11.2	7.5
金昌市	普通农户	10.6	32.9	33.1	14.4	9.0
	规模农户	10.1	31.2	33.7	14.6	10.4
白银市	普通农户	12.6	32.6	31.2	14.1	9.4
	规模农户	9.2	28.6	33.9	17.2	11.1
天水市	普通农户	14.1	38.5	35.7	8.9	2.8
	规模农户	8.6	33.8	40.2	13.0	4.3
武威市	普通农户	11.9	33.0	35.4	12.7	7.0
	规模农户	8.1	31.0	35.6	15.4	9.9
张掖市	普通农户	12.1	36.0	34.7	11.3	5.8
	规模农户	9.8	35.7	34.1	12.4	8.1
平凉市	普通农户	16.1	35.7	32.2	10.0	5.0
	规模农户	10.5	34.9	34.3	13.6	6.6
酒泉市	普通农户	10.6	32.3	38.3	13.4	5.4
	规模农户	7.0	33.4	37.2	14.7	7.7

续表

文化程度		未上学	小学	初中	高中及上	大专及以上
庆阳市	普通农户	12.4	35.9	37.4	10.3	3.8
	规模农户	9.5	32.8	37.1	14.0	6.6
定西市	普通农户	16.0	40.3	29.1	9.2	5.3
	规模农户	12.4	32.1	36.6	10.1	8.8
陇南市	普通农户	20.9	40.0	29.3	7.1	2.7
	规模农户	11.8	41.4	33.6	9.7	3.5
临夏州	普通农户	25.5	50.9	16.8	4.9	1.9
	规模农户	28.3	48.3	15.8	5.1	2.6
甘南州	普通农户	17.6	59.5	12.7	5.8	4.3
	规模农户	17.8	66.7	7.6	4.9	3.1

从各市州来看，兰州市普通农户和规模农户未上过学的比率、小学学历比率、大专及以上学历比率几乎没有差别，普通农户初中学历比率高于（4%）规模农户，高中或中专学历比率低于（3%）规模农户；嘉峪关市、天水市的普通农户和规模农户大专及以上学历比率几乎没有差别，普通农户未上过学的比率高于规模农户均为5%，普通农户初中学历比率均低于规模农户，分别为2%、4%，嘉峪关市普通农户小学学历比率低于（5%）规模农户，天水市普通农户小学学历比率低于（5%）规模农户，嘉峪关市普通农户高中或中专学历比率高于（2%）规模农户，天水市普通农户比率则低于（4%）规模农户；金昌市普通农户和规模农户未上过学的比率、初中学历比率、高中或中专学历比率、大专及以上学历比率几乎没有差别，普通农户小学学历比率高于（2%）规模农户；白银市普通农户未上过学的比率、小学学历比率均高于（4%）规模农户，普通农户初中学历比率、高中及中专学历比率、大专及以上学历比率均低于（3%）规模农户；武威市、庆阳市普通农户和规模农户初中学历比率几乎没有差别，普通农户未上过学比率均高于规模农户；张掖市普通农户和规模农户的小学学历比率、初中学历比率、高中或中专学历比率几乎没有差别，普通农户未上过学比率高于（2%）规模农户，大专及以上学历比率低于（2%）规模农户；平凉市普通农户和规模农户小学学历比率几乎没有差别，普通农户小学学历比率高于（6%）规模农户，初中学历比率低于（2%）规模农户，高中或中专学历比率低于（4%）规模农户，大专及以上学历比率低于（2%）规模农户；酒泉市普通农户和规模

农户小学学历比率、初中学历比率几乎没有差别,普通农户未上过学的比率高于(4%)规模农户,高中或中专学历比率、大专及以上学历比率均低于规模农户,分别为2%、3%;定西市普通农户和规模农户高中或中专学历比率几乎没有差别,普通农户未上过学比率、小学学历比率均高于规模农户,分别为4%、8%,初中学历比率、大专及以上学历比率均低于规模农户,分别为8%、4%;陇南市普通农户和规模农户小学学历比率、大专及以上学历比率几乎没有差别,普通农户未上过学比率高于规模农户9%,初中学历比率、高中或中专学历比率均低于规模农户,分别为5%、3%;临夏州普通农户和规模农户初中学历比率、高中或中专学历比率、大专及以上学历比率几乎没有差别,普通农户未上过学比率高于(3%)规模农户,小学学历比率低于(3%)规模农户;甘南州普通农户和规模农户未上过学比率、高中或中专学历比率、大专及以上学历比率几乎没有差别,普通农户小学学历比率低于(8%)规模农户,初中学历比率高于(5%)规模农户。

三、在学生在校比例等四个方面存在差异

针对普通农户和规模农户的在校学生比例、离开乡镇6个月的农户比例、受过农业技术培训比例及空巢老人比例的比较,分别对这几个方面进行方差分析,验证普通农户和规模农户之间存在的差异(见表7-12~表7-15)。

表7-12　普通农户、规模农户在校学生比例方差分析

差异源	平方和	df	均方	F	显著性
组间	0.024	1	0.024	29.003	1.22E-05
组内	0.022	26	0.000		
总数	0.046	27			

表7-13　普通农户、规模农户离开乡镇6个月比例的方差分析

差异源	平方和	df	均方	F	显著性
组间	0.037	1	0.037	24.788	3.55E-05
组内	0.039	26	0.001		
总数	0.076	27			

表 7-14　普通农户、规模农户接受过农业技术培训比例的方差分析

差异源	平方和	df	均方	F	显著性
组间	0.047	1	0.047	4.305	0.04803
组内	0.281	26	0.011		
总数	0.328	27			

表 7-15　普通农户、规模农户空巢老人比例的方差分析

差异源	平方和	df	均方	F	显著性
组间	0.059	1	0.059	29.511	1.08E-05
组内	0.052	26	0.002		
总数	0.111	27			

如表7-12~表7-15所示，在对普通农户和规模农户在14个市州在校学生农户比例、离开乡镇6个月的农户比例、接受过农业技术培训的农户比例、空巢老人比例的方差分析中，$p<0.05$，说明普通农户和规模农户在这几个方面占比差异显著。具体来看：

（1）普通农户在校学生比例低于规模农户在校学生比例。从全省来看，普通农户中在校学生比例低于规模农户在校学生比例。从各市州来看，甘南州在校生占比最高，但在普通农户和规模农户中相差较大，规模农户约高于普通农户10%；规模农户中在校生占比最小的是临夏州18.7%，这个比例高于普通农户中在校生占比最小的兰州市14.8%。

（2）普通农户和规模农户都不愿意出去务工。从全省来看，普通农户中离开本乡镇6个月及以上的占比约高出规模农户的占比的2倍，说明相对于规模农户而言，普通农户更倾向于外出务工；从各市州来看，甘南州、临夏州、嘉峪关市、酒泉市不管在普通农户调查中，还是在规模农户调查中，其离开本乡镇6个月及以上的占比较低，说明这四个市州的农户更倾向于在本镇生活。

（3）少数民族地区接受农业技术培训比例较低。从全省来看，规模农户接受过农业技术培训的农户比例高出普通农户的10%；酒泉市、庆阳市、张掖市中接受过农业技术培训的规模农户和普通农户的比例在14个市州中位居前三，甘南州比例最低。

（4）普通农户中空巢老人的比例均高于规模农户。在甘肃省14个市州中，

普通农户中空巢老人的比例均高于规模农户；兰州市空巢老人占比无论在普通农户中还是规模农户中均占第一位。

四、从事农业生产时长存在差异

针对普通农户和规模农户从事农业时长的比较，分别对工作时长为 1～14 天、15～29 天、30 天以上进行方差分析，验证普通农户和规模农户之间存在的差异。

如表 7-16～表 7-18 所示，在普通农户和规模农户对工作时长的方差分析中，$p<0.05$，说明普通农户和规模农户工作时长方面差异显著。具体来看：规模农户从事农业生产时间在 30 天以上的比例平均高于出普通农户 7%，说明规模农户比普通农户更倾向于进行农业生产实践，普通农户从事农业时长 1～14 天的比例平均高于规模农户 4%，14～29 天的比例平均低于规模农户 3%。

表 7-16　　　　　工作时长为 1~14 天的方差分析

差异源	平方和	df	均方	F	显著性
组间	0.007	1	0.007	16.994	0.00034
组内	0.011	26	0.000		
总数	0.019	27			

表 7-17　　　　　工作时长为 14~29 天的方差分析

差异源	平方和	df	均方	F	显著性
组间	0.003	1	0.003	7.366	0.012
组内	0.011	26	0.000		
总数	0.013	27			

表 7-18　　　　　工作时长为 30 天以上的方差分析

差异源	平方和	df	均方	F	显著性
组间	0.020	1	0.020	12.968	0.001
组内	0.040	26	0.002		
总数	0.060	27			

五、从事种植业方面存在差异

1. 针对普通农户和规模农户主要从事农业类型的比较,分别对从事种植业、林业、畜牧业、渔业、农林牧渔服务业农户比例进行方差分析,验证普通农户和规模农户之间存在的差异。

如表 7-19 ~ 表 7-23 所示,在普通农户和规模农户主要从事林业、渔业和农林牧渔服务业的农户比例方差分析中,$p>0.05$,说明普通农户和规模农户在这两个方面不存在差异。在主要从事种植业、畜牧业的方差分析中,$p<0.05$,说明普通农户和规模农户在这两个方面差异显著,具体表现为:普通农户主要从事种植业、畜牧业的比例平均高于规模农户超过 30%。

表 7-19　　　　　　　主要从事种植业农户比例的方差分析

差异源	平方和	df	均方	F	显著性
组间	0.750	1	0.750	40.949	0.000
组内	0.476	26	0.018		
总数	1.226	27			

表 7-20　　　　　　　主要从事林业农户比例的方差分析

差异源	平方和	df	均方	F	显著性
组间	0.000	1	0.000	0.003	0.956
组内	0.004	26	0.000		
总数	0.004	27			

表 7-21　　　　　　　主要从事畜牧业农户比例的方差分析

差异源	平方和	df	均方	F	显著性
组间	0.766	1	0.766	40.757	0.000
组内	0.489	26	0.019		
总数	1.255	27			

表 7-22　　　　　主要从事渔业农户比例的方差分析

差异源	平方和	df	均方	F	显著性
组间	0.002	1	0.002	10.234	0.064
组内	0.000	26	0.000		
总数	0.002	27			

表 7-23　　　　　主要从事农林牧渔服务业农户比例的方差分析

差异源	平方和	df	均方	F	显著性
组间	0.000	1	0.000	5.492	0.465
组内	0.010	26	0.000		
总数	0.011	27			

2. 针对普通农户和规模农户次要从事农业类型的比较，分别对从事种植业、林业、畜牧业、渔业、农林牧渔服务业以及没有次要从事农业类型的农户比例进行方差分析，验证普通农户和规模农户之间存在的差异。

如表 7-24~表 7-29 所示，在普通农户和规模农户次要从事林业、畜牧业、渔业、农林牧渔服务业和没有次要从事农业类型的农户比例方差分析中，$p>0.05$，说明普通农户和规模农户在这两个方面不存在差异。在次要从事种植业的方差分析中，$p<0.05$，说明普通农户和规模农户在这个方面差异显著，具体表现为：普通农户次要从事种植业的比例平均低于规模农户15%。

表 7-24　　　　　次要从事种植业农户比例的方差分析

差异源	平方和	df	均方	F	显著性
组间	0.158	1	0.158	32.377	0.000
组内	0.127	26	0.005		
总数	0.284	27			

表 7-25　　　　　　　次要从事林业农户比例的方差分析

差异源	平方和	df	均方	F	显著性
组间	0.012	1	0.012	1.150	0.293
组内	0.269	26	0.010		
总数	0.281	27			

表 7-26　　　　　　　次要从事畜牧业农户比例的方差分析

差异源	平方和	df	均方	F	显著性
组间	0.011	1	0.011	0.616	0.440
组内	0.445	26	0.017		
总数	0.456	27			

表 7-27　　　　　　　次要从事渔业农户比例的方差分析

差异源	平方和	df	均方	F	显著性
组间	0.000	1	0.000	4.833	0.057
组内	0.000	26	0.000		
总数	0.000	27			

表 7-28　　　　　　　次要从事农林牧渔服务业农户比例的方差分析

差异源	平方和	df	均方	F	显著性
组间	0.001	1	0.001	3.162	0.087
组内	0.006	26	0.000		
总数	0.007	27			

表 7-29　　　　　　　没有次要从事农业类型的农户比例方差分析

差异源	平方和	df	均方	F	显著性
组间	0.045	1	0.046	2.906	0.100
组内	0.411	26	0.016		
总数	0.457	27			

3. 从各市州来看，在嘉峪关市的普通农户和规模农户中，选择次要从事的农业类型基本一致；酒泉市普通农户选择畜牧业作为次要农业类型比例高于规模农户；金昌市有25%的规模农户选择种植业和林业作为次要从事的农业类型，而普通农户几乎没有；白银市有16.4%和4.9%的规模农户选择种植业和林业作为次要从事的农业类型，而相反有0.4%和14.9%的普通农户做出这种选择；天水市规模农户次要从事种植业的比例低于普通农户的比例，其他农业类型选择比例基本持平；陇南市的规模农户中，选择种植业、林业、畜牧业作为次要从事的农业类型的比例均在10%左右，在普通农户中只有0.4%选择种植业，选择林业作为次要从事的农业类型比例较高，为23.8%；临夏州规模农户中选择没有次要从事的农业类型、次要从事种植业、次要从事畜牧业各占30%，而普通农户中选择畜牧业的占30%，选择没有次要从事的农业类型占60%；武威市和张掖市普通农户中只有1.4%的选择种植业作为次要从事的农业类型，在规模农户中接近30%；不管是规模农户还是普通农户，平凉市次要从事林业的农户均占最大；兰州市普通农户中，没有次要从事的农业类型的农户占80%以上，而规模农户中比例不到50%，其次兰州市规模农户选择种植业作为次要农业生产类型，而普通农户选择畜牧业；不论是普通农户还是规模农户，庆阳市选择林业、畜牧业、渔业和农林牧渔服务业作为次要农业类型的比例一致，但在规模农户中，25%的农户选择种植业，不到30%的农户没有次要从事的农业类型，而在普通农户中，选择种植业比例很小，不足1%，而选择次要从事的农业类型的比例超过40%；甘南州的普通农户以选择林业、畜牧业为主，而规模农户以选择种植业、畜牧业为主。

六、规模农户务工比例低于普通农户

针对普通农户和规模农户从事非农业活动类型的比较，分别对雇主、自营、务工、公职这几个方面的占比进行方差分析，验证普通农户和规模农户之间存在的差异。

如表7-30~表7-33所示，在普通农户和规模农户从事非农业活动类型的方差分析中，$p<0.05$，说明普通农户和规模农户在从事非农业活动类型方面差异显著。具体来看：规模农户中从事自营者比例高于普通农户约10%，从事务工者比例低于普通农户约20%，雇主、从事公职者农户比例均高于普通农户比例，但相差不大，约为2%。

表 7-30　　　　　　　　从事雇主行业比例的方差分析

差异源	平方和	df	均方	F	显著性
组间	0.001	1	0.001	16.692	0.00037
组内	0.001	26	0.000		
总数	0.002	27			

表 7-31　　　　　　　　从事自营行业比例的方差分析

差异源	平方和	df	均方	F	显著性
组间	0.089	1	0.089	17.001	0.00034
组内	0.137	26	0.005		
总数	0.226	27			

表 7-32　　　　　　　　务工比例的方差分析

差异源	平方和	df	均方	F	显著性
组间	0.260	1	0.260	35.150	0.000
组内	0.192	26	0.007		
总数	0.452	27			

表 7-33　　　　　　　　公职比例的方差分析

差异源	平方和	df	均方	F	显著性
组间	0.002	1	0.002	10.474	0.003
组内	0.004	26	0.000		
总数	0.006	27			

第二节　生活特征比较

本节将对普通农户和规模农户的生活特征进行比较研究。主要从居住状况、生活用能状况方面进行展开，以探讨普通农户和规模农户生活习惯、生活水平之间是否存在差异。

一、居住状况

(一) 家庭饮用水来源状况基本一致

针对普通农户和规模农户家庭饮用水来源的比较,分别对来源于经过净化处理的自来水、受保护的井水和泉水、不受保护的井水和泉水、江河湖泊之水、收集雨水、桶装水这几个方面的占比进行方差分析,验证普通农户和规模农户之间存在的差异。

如表7-34~表7-39所示,在普通农户和规模农户家庭饮用水来源于江河湖泊之水、雨水、桶装水的方差分析中,$p>0.05$,说明普通农户和规模农户在这几个方面没有差异。在饮用水来源于经过净化处理的自来水、受保护的井水和泉水、不受保护的井水和泉水的方差分析中,$p<0.05$,表明在这几个方面普通农户和规模农户存在显著差异。具体表现为:普通农户家庭饮用水来源于经过净化处理的自来水的农户平均占比低于规模农户约20%,饮用水来源于受保护的井水和泉水的农户占比平均高于规模农户约15%,来源于不受保护的井水和泉水的农户占比平均高于规模农户约10%。

表7-34　饮用水来源于经过净化处理的自来水农户比例的方差分析

差异源	平方和	df	均方	F	显著性
组间	0.292	1	0.292	9.931	0.004
组内	0.766	26	0.029		
总数	1.058	27			

表7-35　饮用水来源于受保护的井水和泉水农户比例的方差分析

差异源	平方和	df	均方	F	显著性
组间	0.126	1	0.126	4.535	0.043
组内	0.725	26	0.028		
总数	0.851	27			

表 7-36　饮用水来源于不受保护的井水和泉水农户比例的方差分析

差异源	平方和	df	均方	F	显著性
组间	0.043	1	0.043	8.226	0.008
组内	0.134	26	0.005		
总数	0.177	27			

表 7-37　饮用水来源于江河湖泊之水农户比例的方差分析

差异源	平方和	df	均方	F	显著性
组间	0.000	1	0.000	0.143	0.707
组内	0.007	26	0.000		
总数	0.008	27			

表 7-38　饮用水来源雨水农户比例的方差分析

差异源	平方和	df	均方	F	显著性
组间	0.006	1	0.006	2.281	0.143
组内	0.067	26	0.003		
总数	0.072	27			

表 7-39　饮用水来源于桶装水农户比例的方差分析

差异源	平方和	df	均方	F	显著性
组间	0.004	1	0.004	3.654	0.067
组内	0.028	26	0.001		
总数	0.032	27			

（二）农户家庭饮水来源安全

在普通农户中，各市州农户饮用水来源于经过净化处理的自来水占比均超过50%，而规模农户中的比例参差不齐，占比高的如嘉峪关市达到将近100%，也就是说嘉峪关市规模农户中几乎每家饮用水都来自自来水，占比低的如甘南州，只有21.3%；嘉峪关市规模农户的饮用水均来自经过净化处理的自来水，而普通家庭的饮用水一半来自经过净化处理的自来水，一半来自受保护的井水和泉水；

陇南市规模农户饮用水来自受保护的井水和泉水的家庭比例在50%以上，而普通家庭比例不足20%。从各市州来看，普通农户中饮用水来自受不保护的井水和泉水的比例远高于规模农户，说明普通农户饮水安全普遍没有得到保障；各市州的规模农户饮用水几乎没有来自桶装水，而兰州市、白银市、庆阳市有小部分（0.2%）普通农户饮用水来源于桶装水。

（三）家庭获取饮用水困难情况一致

针对普通农户和规模农户家庭获取饮用水困难情况的比较，分别对单次取水往返超过半小时、间断供水、当年连续缺水的时间超过15天、无困难这几个方面的占比进行方差分析，验证普通农户和规模农户之间存在的差异。

如表7-40~表7-43所示，在普通农户和规模农户家庭饮用水困难情况的方差分析中，$p>0.05$，说明普通农户和规模农户在获取饮用水困难方面没有差异。

表7-40　　单次取水往返超过半小时的农户比例的方差分析

差异源	平方和	df	均方	F	显著性
组间	0.000	1	0.000	1.353	0.256
组内	0.003	26	0.000		
总数	0.004	27			

表7-41　　间断供水的农户比例的方差分析

差异源	平方和	df	均方	F	显著性
组间	0.000	1	0.000	0.016	0.700
组内	0.044	26	0.002		
总数	0.004	27			

表7-42　　当年连续缺水的时间超过15天农户比例的方差分析

差异源	平方和	df	均方	F	显著性
组间	0.000	1	0.000	0.589	0.450
组内	0.003	26	0.002		
总数	0.004	27			

表 7-43　　　　　　获取饮用水无困难农户比例的方差分析

差异源	平方和	df	均方	F	显著性
组间	0.000	1	0.000	0.000	0.993
组内	0.077	26	0.003		
总数	0.077	27			

(四) 大部分地区农户取水无困难

白银市和酒泉市获取饮用水无困难的普通农户比例在90%以上，而其规模农户比例在80%左右，说明在白银市和酒泉市普通农户用水更加方便；困难为单次取水往返超过半小时的情况都已经基本消除；间断供水情况依旧存在，特别在兰州市、白银市、天水市、酒泉市、陇西市，农户比例均在10%左右；兰州市、陇南市的规模农户和普通农户困难为当年连续缺水的时间超过15天的家庭比例在3%左右，其他市州这种情况存在极少。

二、生活用能状况

(一) 在使用煤气、天然气、电作为生活用能方面存在差异

针对普通农户和规模农户生活用能情况的比较，分别对农户做饭取暖能源：柴草、煤、煤气天然气、沼气、电和太阳能这几个方面的农户比例进行方差分析，验证普通农户和规模农户之间存在的差异，首先是农户使用一种能源的对比情况。

如表 7-44～表 7-49 所示，在普通农户和规模农户生活用能为柴草、煤、沼气、太阳能的方差分析中，$p>0.05$，说明普通农户和规模农户在这几个生活用能方面没有差异。在生活用能为煤气天然气、电的方差分析中，$p<0.05$，表明普通农户和规模农户在这两个生活用能方面存在差异；具体表现为：使用煤气天然气的普通农户平均比例低于规模农户约15%，使用电作为生活用能的普通农户平均比例高于规模农户约10%。

表 7-44　　　　　　柴草作为生活用能的农户比例的方差分析

差异源	平方和	df	均方	F	显著性
组间	0.022	1	0.022	1.554	0.224
组内	0.361	26	0.014		
总数	0.382	27			

表 7-45　　　　煤作为生活用能的农户比例的方差分析

差异源	平方和	df	均方	F	显著性
组间	0.001	1	0.001	0.138	0.714
组内	0.227	26	0.009		
总数	0.228	27			

表 7-46　　　　煤气天然气作为生活用能的农户比例的方差分析

差异源	平方和	df	均方	F	显著性
组间	0.135	1	0.135	23.090	0.000
组内	0.152	26	0.006		
总数	0.288	27			

表 7-47　　　　沼气作为生活用能的农户比例的方差分析

差异源	平方和	df	均方	F	显著性
组间	0.003	1	0.003	4.968	0.055
组内	0.001	26	0.000		
总数	0.004	27			

表 7-48　　　　电作为生活用能的农户比例的方差分析

差异源	平方和	df	均方	F	显著性
组间	0.078	1	0.078	11.794	0.002
组内	0.171	26	0.007		
总数	0.249	27			

表 7-49　　　　太阳能作为生活用能的农户比例的方差分析

差异源	平方和	df	均方	F	显著性
组间	0.000	1	0.000	2.114	0.158
组内	0.000	26	0.000		
总数	0.000	27			

(二) 各市州在普通农户和规模农户生活用能方面存在差异

在使用一种主要能源的普通农户中,兰州市和金昌市主要以使用煤、电的农户比例较大,均为50%、35%,而在规模农户中,兰州市和金昌市则以使用煤、煤气天然气的比例较大,均为50%、30%;在普通农户中,嘉峪关市主要以使用煤、柴草的比例较大,分别为50%、30%,而在规模农户中,则以使用煤、电的比例较大,分别为45%、30%;平凉市、酒泉市、庆阳市、甘南州无论在规模农户中还是普通农户中,都主要以使用煤、柴草为主;在普通农户中,天水市、临夏州、定西市,主要以使用煤、柴草的占比较大,比例约为30%、50%,而在规模农户中,则以使用煤、柴草、煤气天然气的占比较大,天水市分别为45%、30%、20%,临夏州分别为60%、20%、15%,定西市分别为50%、20%、25%;白银市以使用煤、柴草、电为主,而在规模农户中,则以使用煤、柴草的为主;张掖市以使用煤、煤气天然气、柴草、电为主,而在规模农户中主要以使用煤、煤气天然气、柴草为主;武威市以使用煤、柴草、电为主,而在规模农户中,则以使用煤、煤气天然气、柴草的为主;陇南市主要以使用煤和柴草为主,而在规模农户中,以使用煤、柴草、天然气为主。

(三) 农户使用两种生活能源的对比情况

如表7-50~表7-55所示,在普通农户和规模农户生活用能为柴草和煤、煤气天然气和电的方差分析中,$p>0.05$,说明普通农户和规模农户在这两种生活用能方面没有差异。在生活用能为柴草和煤气天然气、柴草和电、煤和煤气天然气、煤和电的方差分析中,$p<0.05$,表明普通农户和规模农户在这几种生活用能方面存在差异,具体表现为:使用柴草和煤气天然气的普通农户平均比例低于规模农户约5%,使用柴草和电作为生活用能的普通农户平均比例高于规模农户约4%,使用煤和煤气天然气作为生活用能的普通农户平均比例低于规模农户约30%,使用煤和电作为生活用能的普通农户平均比例高于规模农户约25%。

表7-50　　柴草和煤作为生活用能的农户比例的方差分析

差异源	平方和	df	均方	F	显著性
组间	0.103	1	0.103	3.839	0.609
组内	0.700	26	0.027		
总数	0.803	27			

表 7-51　柴草和煤气天然气作为生活用能的农户比例的方差分析

差异源	平方和	df	均方	F	显著性
组间	0.006	1	0.006	4.781	0.038
组内	0.032	26	0.001		
总数	0.038	27			

表 7-52　柴草和电作为生活用能的农户比例的方差分析

差异源	平方和	df	均方	F	显著性
组间	0.006	1	0.007	5.221	0.031
组内	0.035	26	0.001		
总数	0.042	27			

表 7-53　煤和煤气天然气作为生活用能的农户比例的方差分析

差异源	平方和	df	均方	F	显著性
组间	0.675	1	0.674	24.656	0.000
组内	0.712	26	0.027		
总数	1.386	27			

表 7-54　煤和电作为生活用能的农户比例的方差分析

差异源	平方和	df	均方	F	显著性
组间	0.405	1	0.405	16.102	0.000
组内	0.654	26	0.025		
总数	1.059	27			

表 7-55　煤气天然气和电作为生活用能的农户比例的方差分析

差异源	平方和	df	均方	F	显著性
组间	0.000	1	0.000	0.046	0.833
组内	0.043	26	0.002		
总数	0.044	27			

(四) 主要以使用柴草和煤、煤和煤气天然气这两种组合能源为主

在规模农户中，使用两种主要能源的能源组合类型多于普通农户；在使用两种主要能源的规模农户和普通农户中，使用柴草和煤的占比最多，分别占42.7%和57.3%，可以看出，其在普通农户中占比高于在规模农户中占比；在使用两种主要能源的规模农户和普通农户中，使用煤和煤气天然气的占比分别为32.3%和3.4%，其在规模农户中占比远远高于普通农户中占比，说明规模农户更倾向于使用煤气和天然气的组合；在使用两种主要能源的规模农户和普通农户中，使用煤和电的占比分别为9.1%和30%，其在普通农户中占比高于在规模农户中占比。

在使用两种主要能源的普通农户中，兰州市主要以使用煤和电、柴草和煤为主，而在规模农户中，则主要以使用煤和煤气天然气、柴草和煤为主；嘉峪关市以使用柴草和煤、煤和煤气天然气、煤和电为主，而在规模农户中，则主要以使用柴草和煤、煤和电、煤气天然气和电为主。

(五) 普通农户购煤量较低，规模农户购煤量较高

在规模农户中，购煤量超过10000公斤的农户比较多，而在普通农户中，不存在购煤量超过10000公斤的家庭；在规模农户中购煤量5000~10000公斤的家庭比例远高于普通农户比例，而购煤量为2000~5000公斤的家庭比例小于普通农户比例。兰州市、嘉峪关市、金昌市、白银市、酒泉市购煤量为1000~2000公斤的农户和购煤量为2000~5000公斤的农户，占到90%以上，而在规模农户中，购煤量5000~10000公斤的农户和购煤量2000~5000公斤的农户较多；在普通农户中，天水市购煤量500~1000公斤的农户和购煤量1000~2000公斤的农户较多，达到80%，而在规模农户中，比例仅为10%左右；平凉市购煤量为1000~2000公斤的普通农户将近50%，而在规模农户中，购煤量为1000~2000公斤的农户只占了5.8%，购煤量2000~5000公斤的农户和购煤量5000~10000公斤的农户合起来将近50%；庆阳市、定西市、陇南市、临夏州、甘南州购煤量为500~1000公斤的农户和购煤量为1000~2000公斤的农户较多，占比大于90%，而在规模农户中，比例仅为7%左右。

第三节 生产特征比较

本节将对普通农户和规模农户的生产特征进行比较研究。已知普通农户农业经营规模较小，规模农户农业经营规模较大，因此两者在生产状况方面必不可少的会存在差异。

一、流转耕地用途

(一) 流转耕地用途具有一致性

针对普通农户和规模农户流转耕地用途的比较,分别对耕地用途:用于农作物种植、用于园林作物种植或苗木培育、用于林业经营、用于畜禽养殖(包括圈舍)、用于水产品养殖这几个方面的农户比例进行方差分析,验证普通农户和规模农户之间存在的差异。

如表7-56~表7-60所示,在普通农户和规模农户流转耕地用途的方差分析中,$p>0.05$,说明普通农户和规模农户流转耕地用途没有差异,具有一致性。

表7-56　　用于农作物种植的农户比例的方差分析

差异源	平方和	df	均方	F	显著性
组间	0.026	1	0.026	2.096	0.160
组内	0.317	26	0.012		
总数	0.343	27			

表7-57　　用于园林作物种植或苗木培育的农户比例的方差分析

差异源	平方和	df	均方	F	显著性
组间	0.002	1	0.002	0.623	0.437
组内	0.107	26	0.004		
总数	0.110	27			

表7-58　　用于林业经营的农户比例的方差分析

差异源	平方和	df	均方	F	显著性
组间	0.002	1	0.002	2.253	0.145
组内	0.027	26	0.001		
总数	0.029	27			

表 7-59　　　　　　　用于畜禽养殖的农户比例的方差分析

差异源	平方和	df	均方	F	显著性
组间	0.003	1	0.003	3.891	0.059
组内	0.017	26	0.000		
总数	0.020	27			

表 7-60　　　　　　　用于水产品养殖农户比例的方差分析

差异源	平方和	df	均方	F	显著性
组间	0.001	1	0.001	0.286	0.060
组内	0.001	26	0.000		
总数	0.002	27			

（二）流转耕地主要用于种植业

从全省来看，规模农户和普通农户流转耕地用途广，且主要用于种植业；从各市州来看，嘉峪关市、金昌市、张掖市的普通农户和规模农户，流转耕地将近99%用于农作物种植；平凉市普通农户利用流转耕地的18%用于园林作物种植或苗木培育，而在规模农户中，比例不足3%；同样，庆阳市普通农户用于园林作物种植或苗木培育的面积占比为20%，而在规模农户中，比例仅为5%；定西市普通农户用于林业经营和园林作物种植或苗木培育的面积分别为15%和19%，在规模农户中，比例仅为0.3%和0.4%。

二、经营牧草地情况

在有确权（承包）或经营的牧草地（草场）农户中，各市州普通农户数均多于规模农户数；普通农户中，庆阳市和定西市农户户数最多，分别占有确权经营的牧草地普通农户总数的19.4%、17.6%，而在规模农户中，庆阳市和定西市农户户数只占有不足4%，而甘南州规模农户有确权经营的牧草地户数最多，占有确权经营的牧草地规模农户总户数的30.8%。在无确权（承包）或经营的牧草地（草场）农户中，各市州普通农户数均多于规模农户数；在普通农户中，天水市农户数最多，占无确权经营的牧草地普通农户总户数的18.7%，而在规模农户中，天水市农户数只占有不足5%，而张掖市规模农户无确权经营的牧草地户数最多，占无确权经营的牧草地规模农户总户数的36%。在家庭承包或确权的牧草地（草场）面积中，各市州普通农户承包草场面积均多于规模农户承包草场面积；在普通农户中，酒泉市和甘南州农户承包草场面积最大，均占普通农户承包草场总面积的20%，而在规模农户中，甘南州农户承包草场面积仅占规模农户承包草场总面积的7.6%，而酒泉市的比例达到83.3%，说明不论是在普通农户还是规模农户中，酒泉市农户承包草场面积均最多。在2016年末通过转包、转让、出租等方式流出的面积中，各市州普通农户流出的草场面积均多于规模农户流出的草场面积；普通农户中，酒泉市流出草场面积最多，占普通农户流出草场总面积的80.5%，在规模农户中依旧属酒泉市流出草场面积最多，占规模农户流出草场总面积的99.2%，表明不论在普通农户还是在规模农户流出草场面积中，酒泉市流出面积都远远多于其他市州。在2016年末通过转包、转让、出租等方式流入的面积中，兰州市、武威市、张掖市、酒泉市、甘南州规模农户流入面积均多于其普通农户流入面积，其他市州均少于普通农户流入面积；在普通农户中，白银市流入草场面积最多，占普通农户流入草场总面积的58.3%，而在规模农户中，酒泉市流入草场面积最多，占普通农户流入草场总面积的95.4%，可知，在规模农户中，酒泉市流入、流出草场面积均远远多于其他市州。在2016年末实际经营的牧草地（草场）面积中，各市州普通农户实际经营的草场面积均多于规模农户实际经营的草场面积；在普通农户中，甘南州农户实际经营的草场面积最大，占普通农户实际经营的草场总面积的29.4%，而在规模农户中，甘南州农户实际经营的草场面积仅占规模农户实际经营的草场总面积的7.3%，而酒泉市这一比例达到84.7%。

第四节　本章小结

本章对普通农户和规模农户的生产生活状况进行了比较研究。从对比来看，普通农户和规模农户在未婚率和丧偶率方面、在校学生比例、接受农业技术培训比例方面、使用煤气、天然气、电作为生活用能方面，以及从事农业生产时间等方面均存在差异。这表明中央和地方政府各项惠农政策的实施和落实确实对农村居民生产生活状况有了一定的改善，但甘肃省农村的落后面貌还没有得到根本性的改变，仍然存在问题。

第八章 基于生活质量标准的甘肃农村贫困分布测算

本章主要借助农村居民生活质量评价神经网络模型，首先以各乡镇的调查数据为训练集，测算各乡镇的农村贫困居民家庭数量，结合农村贫困调查中各乡镇样本数量的分配和抽样比，推算各县区的贫困居民家庭数量；其次根据各县区的贫困居民家庭数量，结合农村贫困调查中各县区样本数量的分配和抽样比，推算各市州的贫困居民家庭数量；最后根据各市州的贫困居民家庭数量，结合农村贫困调查中各市州样本数量的分配和抽样比，推算全省的贫困居民家庭数量。以此了解和掌握全省各县区在基本贫困标准、扶贫标准和稳定脱贫标准下贫困人口总规模和总水平的绝对水平、贫困人口占比和贫困发生率的相对水平等空间分布特征。

第一节 神经网络模型的训练和检验

一、神经网络模型的训练及检验结果

基于农村居民生活质量评价指标体系，运用构建的神经网络模型计算抽样样本中各居民家庭生活质量的综合评价结果，取值范围是 [0，1]。根据指标类型一致化的处理，当综合评价结果越接近于 0 时，表明对应的农村居民家庭生活质量水平越低；当综合评价结果越接近于 1 时，表明对应的农村居民家庭生活质量水平越高。根据对农村生活质量贫困标准的界定，可将农村居民生活质量水平划分为五个等级，即低生活质量水平、较低生活质量水平、中等生活质量水平、较高生活质量水平和高生活质量水平，其中低生活质量水平农村居民家庭的综合得分在 0~0.35 之间，较低生活质量水平农村居民家庭的综合得分在 0.35~0.40 之间，中等生活质量水平农村居民家庭的综合得分在 0.40~0.45 之间，较高生活质量水平农村居民家庭的综合得分在 0.45~0.70 之间，高生活质量水平农村

居民家庭的综合得分在 0.70~1 之间。

将各居民家庭的生活质量等级作为因变量,农村居民生活质量评价指标体系中的各指标作为自变量,以抽样样本中 70% 的数据作为训练集,30% 的数据作为检验集,运用神经网络模型的多层感知器进行训练和检验;训练、检验以及综合结果详见表 8-1。

表 8-1　　　　神经网络多层感知器的训练、检验和综合结果　　　　　（%）

样本	观测值	预测值					
		低	高	较低	较高	中等	正确概率
训练	低	97.40	0.00	2.52	0.00	0.08	97.40
	高	0.00	91.86	0.00	8.14	0.00	91.86
	较低	11.52	0.00	65.21	0.00	23.27	65.21
	较高	0.03	0.82	0.14	95.77	3.24	95.77
	中等	0.48	0.00	3.33	9.42	86.77	86.77
	总计百分比	22.00	6.30	5.80	47.80	18.10	92.20
检验	低	95.20	0.00	4.62	0.00	0.18	95.20
	高	0.00	88.95	0.00	11.05	0.00	88.95
	较低	24.52	0.00	46.63	0.00	28.85	46.63
	较高	0.23	1.00	0.23	93.76	4.78	93.76
	中等	1.76	0.00	6.03	14.32	77.89	77.89
	总计百分比	22.60	6.30	5.70	49.00	16.40	87.60
综合	低	96.73	0.00	3.17	0.00	0.11	96.73
	高	0.00	90.97	0.00	9.03	0.00	90.97
	较低	15.73	0.00	59.19	0.00	25.08	59.19
	较高	0.09	0.88	0.17	95.15	3.71	95.15
	中等	0.83	0.00	4.07	10.77	84.33	84.33
	总计百分比	22.21	6.28	5.76	48.18	17.57	90.81

如表 8-1 所示,从训练结果来看,所构建的神经网络模型对抽样样本居民家庭生活质量预测结果的正确概率整体为 92.20%,但对不同生活质量居民家庭预测结果的正确概率表现出较大的差异性。具体表现为:①对低生活质量水平居民家庭预测的正确概率为 97.40%,预测为较低生活质量水平的错误概率是 2.52%,预测为中等生活质量水平的错误概率为 0.08%;②对较低生活质量水平居民家庭

预测的正确概率为65.21%，预测为低生活质量水平的错误概率是11.52%，预测为中等生活质量水平的错误概率为23.27%；③对中等生活质量水平居民家庭预测的正确概率为86.77%，预测为低生活质量水平的错误概率是0.48%，预测为较低生活质量水平的错误概率是3.33%，预测为较高生活质量水平的错误概率为9.42%；④对较高生活质量水平居民家庭预测的正确概率为95.77%，预测为低生活质量水平的错误概率是0.03%，预测为较低生活质量水平的错误概率是0.14%，预测为中等生活质量水平的错误概率为3.24%；预测为高生活质量水平的错误概率为0.82%；⑤对高生活质量水平居民家庭预测的正确概率为91.86%，预测为较高生活质量水平的错误概率为8.14%。

从检验结果来看，所构建的神经网络模型对抽样样本居民家庭生活质量预测结果的正确概率整体为87.60%，但对不同生活质量居民家庭预测结果的正确概率表现出较大的差异性。具体表现为：①对低生活质量水平居民家庭预测的正确概率为95.20%，预测为较低生活质量水平的错误概率是4.62%，预测为中等生活质量水平的错误概率为0.18%；②对较低生活质量水平居民家庭预测的正确概率为46.63%，预测为低生活质量水平的错误概率是24.52%，预测为中等生活质量水平的错误概率为28.85%；③对中等生活质量水平居民家庭预测的正确概率为77.89%，预测为低生活质量水平的错误概率是1.76%，预测为较低生活质量水平的错误概率是6.03%，预测为较高生活质量水平的错误概率为14.32%；④对较高生活质量水平居民家庭预测的正确概率为93.76%，预测为低生活质量水平的错误概率是0.23%，预测为较低生活质量水平的错误概率是0.23%，预测为中等生活质量水平的错误概率为4.78%；预测为高生活质量水平的错误概率为1.00%；⑤对高生活质量水平居民家庭预测的正确概率为88.95%，预测为较高生活质量水平的错误概率为11.05%。

从综合结果来看，所构建的神经网络模型对抽样样本居民家庭生活质量预测结果的正确概率整体为90.81%，但对不同生活质量居民家庭预测结果的正确概率表现出较大的差异性。具体表现为：①对低生活质量水平居民家庭预测的正确概率为96.73%，预测为较低生活质量水平的错误概率是3.17%，预测为中等生活质量水平的错误概率为0.11%；②对较低生活质量水平居民家庭预测的正确概率为59.19%，预测为低生活质量水平的错误概率是15.73%，预测为中等生活质量水平的错误概率为25.08%；③对中等生活质量水平居民家庭预测的正确概率为84.33%，预测为低生活质量水平的错误概率是0.83%，预测为较低生活质量水平的错误概率是4.07%，预测为较高生活质量水平的错误概率为10.77%；④

对较高生活质量水平居民家庭预测的正确概率为95.15%，预测为低生活质量水平的错误概率是0.09%，预测为较低生活质量水平的错误概率是0.17%，预测为中等生活质量水平的错误概率为3.71%；预测为高生活质量水平的错误概率为0.88%；⑤对高生活质量水平居民家庭预测的正确概率为90.97%，预测为较高生活质量水平的错误概率为9.03%。

二、神经网络模型的预测特征

总体来看，神经网络模型对抽样样本居民家庭生活质量预测的特征主要表现为四个方面：①对低生活质量水平居民家庭预测的正确概率最高，其次是对较高生活质量水平居民家庭预测的正确概率、对高生活质量水平居民家庭预测的正确概率和对中等生活质量水平居民家庭预测的正确概率，对较低生活质量水平居民家庭预测的正确概率相对较低。②从对不同生活质量水平居民家庭预测的错误概率来看，预测为相邻生活质量水平的概率相对较高，预测为间隔生活质量水平的概率相对较低。③对不同生活质量水平居民家庭预测的错误概率高低虽然存在着差异，但均不为0，这表明不同生活质量水平居民家庭都可能会被错误的预测；同时也表明居民家庭生活质量水平标准的划分界限是相对的，并非绝对的。④低、较低、中等生活质量水平分别对应基本贫困标准、扶贫标准、稳定脱贫标准，对低、较低、中等生活质量水平居民家庭预测的错误概率表明，不同生活质量水平对应的贫困人口存在着不稳定性；具体表现为低生活质量水平对应的贫困人口转化成为较低生活质量水平对应的贫困人口和中等生活质量水平对应的贫困人口的可能性较低，而较低生活质量水平对应的贫困人口转化成为低生活质量水平对应的贫困人口和中等生活质量水平对应的贫困人口的可能性较高，中等生活质量水平对应的贫困人口转化成为低生活质量水平对应的贫困人口的可能性较低，但是转化成为较低生活质量水平对应的贫困人口的可能性较高。这表明按照扶贫标准对贫困居民家庭进行持续的扶贫，不仅可以减少较低生活质量水平的人口，而且可以增加中等生活质量水平的人口。

第二节 贫困人口分布的绝对数分析

一、相关概念解释

通过运用人工神经网络模型对抽样样本居民家庭生活质量进行测算，并根据各县区的农村人口数量和抽样比,可以推算出各县区的不同贫困标准下的贫困人口规模和水平。其中,抽样样本户数包括三类,分别为满足基本贫困标准的抽样贫困户数、满足扶贫标准的抽样贫困户数、满足稳定脱贫标准的抽样贫困户数,并且分别测算满足基本贫困标准的总贫困人口、满足扶贫标准的总贫困人口、满足稳定脱贫标准的总贫困人口。

二、贫困人口分布的绝对数分析

根据构建的基于生活质量的农村贫困识别模型,以基本贫困标准、扶贫标准和稳定脱贫标准为依据,分别测算全省各县区不同贫困标准下的抽样贫困户数和总贫困人口数,以此掌握全省不同县区的贫困总体规模、总体水平和空间分布特征。

表 8-2　　　　　　　　甘肃省贫困人口的绝对数分析

县 区	农村总人口（万人）	抽样户数（户）	基本贫困标准		扶贫标准		稳定脱贫标准	
			抽样贫困户数（户）	总贫困人口（人）	抽样贫困户数（户）	总贫困人口（人）	抽样贫困户数（户）	总贫困人口（人）
阿克塞哈萨克族自治县	0.50	70	0	0	0	0	0	0
安定区	31.43	79	17	67625	20	79559	34	135250
安宁区	6.06	59	1	1026	2	2053	4	4106
白银区	17.38	80	2	4345	5	10863	13	28243
成县	18.71	119	19	29878	37	58183	67	105359
城关区	27.83	141	1	1974	3	5921	12	23682
崇信县	7.02	100	8	5616	16	11231	33	23164
宕昌县	20.78	110	76	143585	84	158699	91	171924
迭部县	3.86	80	57	27530	64	30911	71	34292
东乡县	21.28	110	74	143169	78	150908	90	174125
敦煌市	8.97	110	1	816	1	816	6	4894
甘谷县	38.72	119	5	16270	19	61827	50	162702
甘州区	32.11	80	5	20066	5	20066	14	56184
皋兰县	2.90	110	23	6064	44	11601	68	17929
高台县	9.07	70	0	0	4	5182	9	11660
古浪县	26.92	110	18	44055	32	78319	56	137059

续表

县 区	农村总人口（万人）	抽样户数（户）	基本贫困标准		扶贫标准		稳定脱贫标准	
			抽样贫困户数（户）	总贫困人口（人）	抽样贫困户数（户）	总贫困人口（人）	抽样贫困户数（户）	总贫困人口（人）
瓜州县	7.04	110	3	1921	11	7044	21	13447
广河县	17.03	100	64	108991	78	132833	90	153269
合水县	10.59	112	43	40657	59	55785	73	69022
合作市	6.83	60	2	2277	6	6832	17	19357
和政县	13.77	100	72	99180	87	119842	98	134995
红古区	3.00	70	0	0	0	0	8	3424
华池县	8.82	110	19	15232	26	20844	57	45697
华亭县	13.28	110	7	8451	27	32597	51	61573
环县	21.99	119	26	48036	44	81292	66	121938
徽县	15.40	110	8	11202	21	29405	60	84014
会宁县	31.89	120	26	69095	47	124902	72	191340
积石山县	17.50	123	74	105279	88	125197	113	160764
金川区	8.27	72	1	1149	5	5744	7	8042
金塔县	7.12	110	0	0	0	0	4	2589
泾川县	19.33	117	11	18173	27	44606	47	77648
景泰县	13.07	120	14	15243	25	27220	49	53352
靖远县	26.84	110	7	17079	14	34159	40	97596
静宁县	28.96	122	35	83082	62	147173	86	204144
康乐县	17.36	110	34	53658	51	80486	78	123097
康县	13.79	110	25	31331	39	48877	63	78955
崆峒区	35.10	131	11	29471	18	48226	36	96452
礼县	35.07	120	51	149030	68	198707	87	254228
凉州区	70.11	110	6	38241	14	89229	24	152964
两当县	3.44	90	22	8411	31	11851	51	19497
临潭县	10.10	81	24	29915	33	41133	48	59830
临洮县	37.92	110	23	79278	38	130982	57	196472
临夏市	20.37	67	12	36476	18	54713	31	94229
临夏县	24.26	110	41	90417	53	116881	78	172013
临泽县	8.50	70	0	0	1	1215	2	2429

续表

县区	农村总人口（万人）	抽样户数（户）	基本贫困标准		扶贫标准		稳定脱贫标准	
			抽样贫困户数（户）	总贫困人口（人）	抽样贫困户数（户）	总贫困人口（人）	抽样贫困户数（户）	总贫困人口（人）
灵台县	12.47	110	26	29468	41	46468	70	79336
陇西县	33.89	111	36	109908	57	174021	83	253399
碌曲县	2.68	80	29	9713	40	13398	51	17082
玛曲县	4.12	80	51	26284	52	26799	57	29376
麦积区	38.45	90	29	123909	39	166636	54	230726
民乐县	13.90	110	1	1264	6	7585	16	20225
民勤县	16.70	110	6	9109	11	16699	27	40989
岷县	33.67	110	64	195874	76	232600	86	263205
宁县	28.90	107	19	51325	31	83741	53	143169
平川区	11.33	60	2	3777	10	18883	20	37765
七里河区	12.23	103	10	11873	16	18997	22	26121
秦安县	35.79	120	25	74559	35	104383	55	164030
秦州区	44.68	120	35	130303	46	171255	65	241990
清水县	18.63	120	35	54331	52	80721	71	110215
庆城县	18.91	110	29	49858	39	67051	64	110032
山丹县	10.23	70	0	0	0	0	4	5843
肃北蒙古自治州	0.72	70	4	410	5	513	14	1436
肃南县	2.14	70	0	0	0	0	2	611
肃州区	20.76	110	1	1887	4	7550	7	13212
天祝县	12.18	110	15	16608	26	28787	51	56466
通渭县	29.82	115	20	51867	39	101141	65	168569
渭源县	24.21	120	18	36314	36	72627	67	135167
文县	16.44	110	26	38870	39	58304	62	92689
武都区	42.81	111	29	111834	38	146541	55	212099
武山县	29.86	120	21	52262	32	79637	57	141853
西峰区	27.40	75	9	32879	20	73065	29	105944
西固区	7.93	98	2	1619	5	4047	14	11331
西和县	30.46	110	55	152302	75	207685	95	263067

续表

县区	农村总人口（万人）	抽样户数（户）	基本贫困标准		扶贫标准		稳定脱贫标准	
			抽样贫困户数（户）	总贫困人口（人）	抽样贫困户数（户）	总贫困人口（人）	抽样贫困户数（户）	总贫困人口（人）
夏河县	6.48	110	12	7066	45	26496	88	51814
永昌县	8.49	119	0	0	1	714	7	4996
永登县	9.19	110	10	8353	15	12529	35	29235
永靖县	13.31	110	8	9677	18	21773	37	44756
榆中县	9.51	120	12	9509	18	14263	40	31696
玉门市	7.73	110	1	703	5	3515	14	9841
张家川县	19.98	110	32	58118	49	88993	66	119869
漳县	14.46	117	47	58100	65	80351	91	112491
镇原县	30.04	120	38	95131	56	140193	77	192766
正宁县	13.05	110	21	24917	37	43901	61	72378
舟曲县	9.66	80	24	28979	30	36224	48	57958
庄浪县	26.14	110	12	28521	26	61795	55	130719
卓尼县	7.57	80	23	21770	35	33129	43	40701
甘肃省	1577	8787	1805	3432542	2675	5076921	4110	7718119

测算结果表明：

（1）随着贫困标准的提高，甘肃省农村贫困人口数量也随之增加；具体表现为：在基本贫困标准下的甘肃省农村贫困人口总量为3432542人，当贫困标准调整到扶贫标准时，甘肃省农村贫困人口总量上升到5076921人，而在稳定脱贫的标准下，甘肃省农村贫困人口数量则达到7718119人；随着贫困标准的提高，农村贫困人口的增长量也在扩大。

（2）不同贫困标准下虽然各县区的农村贫困人口数量不同，但分布的地域特征较为稳定。具体表现为：①在基本贫困标准下，甘肃省农村贫困人口数量最多的10个县区分别是岷县、西和县、礼县、宕昌县、东乡县、秦州区、麦积区、武都区、陇西县和广河县，农村贫困人口数量最少的10个县区分别是玉门市、肃北蒙古自治州、阿克塞哈萨克族自治县、高台县、红古区、金塔县、临泽县、山丹县、肃南县和永昌县；从分布地域来看，按照基本贫困标准测算的甘肃省农村贫困人口绝对数量最多的县区主要集中位于河东地区和陇南地区，而农村贫困人口绝对数量最少的县区主要集中位于河西地区。②在扶贫标准下，甘肃省农村贫困人口数量最多的 10 个县区分别是岷县、西和县、礼县、陇西县、秦州区、麦积区、宕昌县、东乡县、静宁县和武都区，农村贫困人口数量最少的 10 个县区分别是安宁区、临泽县、敦煌市、永昌县、肃北蒙古自治州、阿克塞哈萨克族自治县、红古区、金塔县、山丹县和肃南县；从分布地域来看，按照扶贫标准测算的甘肃省农村贫困人口绝对数量最多的县区主要集中位于河东地区和陇南地区，而农村贫困人口绝对数量最少的县区主要集中位于河西地区。③在稳定脱贫标准下，甘肃省农村贫困人口数量最多的 10 个县区分别是岷县、西和县、礼县、陇西县、秦州区、麦积区、武都区、静宁县、临洮县和镇原县，农村贫困人口数量最少的 10 个县区分别是山丹县、永昌县、敦煌市、安宁区、红古区、金塔县、临泽县、肃北蒙古自治州、肃南县和阿克塞哈萨克族自治县；从分布地域来看，按照稳定脱贫标准测算的甘肃省农村贫困人口绝对数量最多的县区主要集中位于河东地区和陇南地区，而农村贫困人口绝对数量最少的县区主要集中位于河西地区。

（3）将贫困标准由基本贫困标准提升到扶贫标准，甘肃省农村贫困人口增长量最多的 10 个县区分别是陇西县、静宁县、会宁县、西和县、临洮县、凉州区、礼县、通渭县、甘谷县、和镇原县，农村贫困人口增长量最少的 10 个县区分别是永昌县、玛曲县、肃北蒙古自治州、阿克塞哈萨克族自治县、敦煌市、甘州区、红古区、金塔县、山丹县、肃南县。将贫困标准由扶贫标准提升到稳定脱贫标准，甘肃省农村贫困人口增长量最多的 10 个县区分别是甘谷县、陇西县、秦州区、庄浪县、通渭县、会宁县、武都区、临洮县、麦积区、凉州区，农村贫困人口增长量最少的 10 个县区分别是红古区、迭部县、金塔县、玛曲县、金川区、安宁区、临泽县、肃北蒙古自治州、肃南县、阿克塞哈萨克族自治县。可见，无论将贫困标准由基本贫困标准提升到扶贫标准，还是将贫困标准由扶贫标准提升到稳定脱贫标准，农村贫困人口增长量最多的县区与农村贫困人口绝对数量最多的县区之间高度相关，同样农村贫困人口增长量最少的县区与农村贫困人口绝对数量最少的县区之间高度相关。这表明贫困人口规模较大的县区，其潜在的贫困人口数量也较大，相应的返贫概率和数量也较大，所以要实现稳定脱贫的难度也较大；而贫困人口规模较小的县区，其潜在的贫困人口数量也较小，相应的返贫概率和数量也较小，因此要实现稳定脱贫的难度会降低。

第三节 贫困人口分布的相对数分析

一、相关概念解释

通过运用神经网络模型对抽样样本居民家庭生活质量进行测算,并在推算各县区农村贫困人口规模和水平的基础上,可以计算各县区农村贫困人口占比和贫困发生率。贫困人口占比是指低于贫困线的人口数占总人口的比重,也就是贫困人口除以总人口的比率,它反映的是地区贫困发生的概率。贫困发生率也称贫困人口比重指数,是指农村低于贫困线的人口数占农村总人口的比重,也就是贫困人口除以农村总人口的比率,它反映的是地区贫困发生的广度。

二、贫困人口分布的相对数分析

根据构建的基于生活质量的农村贫困识别模型,以基本贫困标准、扶贫标准和稳定脱贫标准为依据,分别测算全省各县区不同贫困标准下贫困人口占比和贫困发生率,以此掌握全省不同县区的贫困相对水平和空间分布特征。

表8-3　　　　　　　　甘肃省贫困人口的相对数分析

县 区	农村总人口（万人）	抽样户数（户）	基本贫困标准		扶贫标准		稳定脱贫标准	
			贫困人口占比	贫困发生率	贫困人口占比	贫困发生率	贫困人口占比	贫困发生率
阿克塞哈萨克族自治县	0.50	70	0.00%	0.00%	0.00%	0.00%	0.00%	0.00%
安定区	31.43	79	1.97%	21.52%	1.57%	25.32%	1.75%	43.04%
安宁区	6.06	59	0.03%	1.69%	0.04%	3.39%	0.05%	6.78%
白银区	17.38	80	0.13%	2.50%	0.21%	6.25%	0.37%	16.25%
成县	18.71	119	0.87%	15.97%	1.15%	31.09%	1.37%	56.30%
城关区	27.83	141	0.06%	0.71%	0.12%	2.13%	0.31%	8.51%
崇信县	7.02	100	0.16%	8.00%	0.22%	16.00%	0.30%	33.00%
宕昌县	20.78	110	4.18%	69.09%	3.13%	76.36%	2.23%	82.73%
迭部县	3.86	80	0.80%	71.25%	0.61%	80.00%	0.44%	88.75%
东乡县	21.28	110	4.17%	67.27%	2.97%	70.91%	2.26%	81.82%
敦煌市	8.97	110	0.02%	0.91%	0.02%	0.91%	0.06%	5.45%

续表

县 区	农村总人口（万人）	抽样户数（户）	基本贫困标准		扶贫标准		稳定脱贫标准	
			贫困人口占比	贫困发生率	贫困人口占比	贫困发生率	贫困人口占比	贫困发生率
甘谷县	38.72	119	0.47%	4.20%	1.22%	15.97%	2.11%	42.02%
甘州区	32.11	80	0.58%	6.25%	0.40%	6.25%	0.73%	17.50%
皋兰县	2.90	110	0.18%	20.91%	0.23%	40.00%	0.23%	61.82%
高台县	9.07	70	0.00%	0.00%	0.10%	5.71%	0.15%	12.86%
古浪县	26.92	110	1.28%	16.36%	1.54%	29.09%	1.78%	50.91%
瓜州县	7.04	110	0.06%	2.73%	0.14%	10.00%	0.17%	19.09%
广河县	17.03	100	3.18%	64.00%	2.62%	78.00%	1.99%	90.00%
合水县	10.59	112	1.18%	38.39%	1.10%	52.68%	0.89%	65.18%
合作市	6.83	60	0.07%	3.33%	0.13%	10.00%	0.25%	28.33%
和政县	13.77	100	2.89%	72.00%	2.36%	87.00%	1.75%	98.00%
红古区	3.00	70	0.00%	0.00%	0.00%	0.00%	0.04%	11.43%
华池县	8.82	110	0.44%	17.27%	0.41%	23.64%	0.59%	51.82%
华亭县	13.28	110	0.25%	6.36%	0.64%	24.55%	0.80%	46.36%
环县	21.99	119	1.40%	21.85%	1.60%	36.97%	1.58%	55.46%
徽县	15.40	110	0.33%	7.27%	0.58%	19.09%	1.09%	54.55%
会宁县	31.89	120	2.01%	21.67%	2.46%	39.17%	2.48%	60.00%
积石山县	17.50	123	3.07%	60.16%	2.47%	71.54%	2.08%	91.87%
金川区	8.27	72	0.03%	1.39%	0.11%	6.94%	0.10%	9.72%
金塔县	7.12	110	0.00%	0.00%	0.00%	0.00%	0.03%	3.64%
泾川县	19.33	117	0.53%	9.40%	0.88%	23.08%	1.01%	40.17%
景泰县	13.07	120	0.44%	11.67%	0.54%	20.83%	0.69%	40.83%
靖远县	26.84	110	0.50%	6.36%	0.67%	12.73%	1.26%	36.36%
静宁县	28.96	122	2.42%	28.69%	2.90%	50.82%	2.64%	70.49%
康乐县	17.36	110	1.56%	30.91%	1.59%	46.36%	1.59%	70.91%
康县	13.79	110	0.91%	22.73%	0.96%	35.45%	1.02%	57.27%
崆峒区	35.10	131	0.86%	8.40%	0.95%	13.74%	1.25%	27.48%
礼县	35.07	120	4.34%	42.50%	3.91%	56.67%	3.29%	72.50%
凉州区	70.11	110	1.11%	5.45%	1.76%	12.73%	1.98%	21.82%
两当县	3.44	90	0.25%	24.44%	0.23%	34.44%	0.25%	56.67%

续表

县区	农村总人口（万人）	抽样户数（户）	基本贫困标准		扶贫标准		稳定脱贫标准	
			贫困人口占比	贫困发生率	贫困人口占比	贫困发生率	贫困人口占比	贫困发生率
临潭县	10.10	81	0.87%	29.63%	0.81%	40.74%	0.78%	59.26%
临洮县	37.92	110	2.31%	20.91%	2.58%	34.55%	2.55%	51.82%
临夏市	20.37	67	1.06%	17.91%	1.08%	26.87%	1.22%	46.27%
临夏县	24.26	110	2.63%	37.27%	2.30%	48.18%	2.23%	70.91%
临泽县	8.50	70	0.00%	0.00%	0.02%	1.43%	0.03%	2.86%
灵台县	12.47	110	0.86%	23.64%	0.92%	37.27%	1.03%	63.64%
陇西县	33.89	111	3.20%	32.43%	3.43%	51.35%	3.28%	74.77%
碌曲县	2.68	80	0.28%	36.25%	0.26%	50.00%	0.22%	63.75%
玛曲县	4.12	80	0.77%	63.75%	0.53%	65.00%	0.38%	71.25%
麦积区	38.45	90	3.61%	32.22%	3.28%	43.33%	2.99%	60.00%
民乐县	13.90	110	0.04%	0.91%	0.15%	5.45%	0.26%	14.55%
民勤县	16.70	110	0.27%	5.45%	0.33%	10.00%	0.53%	24.55%
岷县	33.67	110	5.71%	58.18%	4.58%	69.09%	3.41%	78.18%
宁县	28.90	107	1.50%	17.76%	1.65%	28.97%	1.85%	49.53%
平川区	11.33	60	0.11%	3.33%	0.37%	16.67%	0.49%	33.33%
七里河区	12.23	103	0.35%	9.71%	0.37%	15.53%	0.34%	21.36%
秦安县	35.79	120	2.17%	20.83%	2.06%	29.17%	2.13%	45.83%
秦州区	44.68	120	3.80%	29.17%	3.37%	38.33%	3.14%	54.17%
清水县	18.63	120	1.58%	29.17%	1.59%	43.33%	1.43%	59.17%
庆城县	18.91	110	1.45%	26.36%	1.32%	35.45%	1.43%	58.18%
山丹县	10.23	70	0.00%	0.00%	0.00%	0.00%	0.08%	5.71%
肃北蒙古自治州	0.72	70	0.01%	5.71%	0.01%	7.14%	0.02%	20.00%
肃南县	2.14	70	0.00%	0.00%	0.00%	0.00%	0.01%	2.86%
肃州区	20.76	110	0.05%	0.91%	0.15%	3.64%	0.17%	6.36%
天祝县	12.18	110	0.48%	13.64%	0.57%	23.64%	0.73%	46.36%
通渭县	29.82	115	1.51%	17.39%	1.99%	33.91%	2.18%	56.52%
渭源县	24.21	120	1.06%	15.00%	1.43%	30.00%	1.75%	55.83%
文县	16.44	110	1.13%	23.64%	1.15%	35.45%	1.20%	56.36%

续表

县区	农村总人口（万人）	抽样户数（户）	基本贫困标准		扶贫标准		稳定脱贫标准	
			贫困人口占比	贫困发生率	贫困人口占比	贫困发生率	贫困人口占比	贫困发生率
武都区	42.81	111	3.26%	26.13%	2.89%	34.23%	2.75%	49.55%
武山县	29.86	120	1.52%	17.50%	1.57%	26.67%	1.84%	47.50%
西峰区	27.40	75	0.96%	12.00%	1.44%	26.67%	1.37%	38.67%
西固区	7.93	98	0.05%	2.04%	0.08%	5.10%	0.15%	14.29%
西和县	30.46	110	4.44%	50.00%	4.09%	68.18%	3.41%	86.36%
夏河县	6.48	110	0.21%	10.91%	0.52%	40.91%	0.67%	80.00%
永昌县	8.49	119	0.00%	0.00%	0.01%	0.84%	0.06%	5.88%
永登县	9.19	110	0.24%	9.09%	0.25%	13.64%	0.38%	31.82%
永靖县	13.31	110	0.28%	7.27%	0.43%	16.36%	0.58%	33.64%
榆中县	9.51	120	0.28%	10.00%	0.28%	15.00%	0.41%	33.33%
玉门市	7.73	110	0.02%	0.91%	0.07%	4.55%	0.13%	12.73%
张家川县	19.98	110	1.69%	29.09%	1.75%	44.55%	1.55%	60.00%
漳县	14.46	117	1.69%	40.17%	1.58%	55.56%	1.46%	77.78%
镇原县	30.04	120	2.77%	31.67%	2.76%	46.67%	2.50%	64.17%
正宁县	13.05	110	0.73%	19.09%	0.86%	33.64%	0.94%	55.45%
舟曲县	9.66	80	0.84%	30.00%	0.71%	37.50%	0.75%	60.00%
庄浪县	26.14	110	0.83%	10.91%	1.22%	23.64%	1.69%	50.00%
卓尼县	7.57	80	0.63%	28.75%	0.65%	43.75%	0.53%	53.75%
甘肃省	1577	8787	100.00%	20.54%	100.00%	30.44%	100.00%	46.77%

农村贫困人口占比是指某一县区的农村贫困人口数占全省农村贫困人口数的比重。农村贫困发生率是指某一县区的农村贫困人口占该县区农村人口的比重。测算结果表明：

（1）总体上来讲，在基本贫困标准下，甘肃省农村贫困发生率为20.54%；在扶贫标准下，甘肃省农村贫困发生率为30.44%；在稳定脱贫标准下，甘肃省农村贫困发生率则达到46.77%。

（2）不同贫困标准下虽然各县区的农村贫困发生率不同，但分布的地域特征较为稳定。具体表现为：①在基本贫困标准下，甘肃省农村贫困发生率最高的10个县区分别是和政县、迭部县、宕昌县、东乡县、广河县、玛曲县、积石山县、岷县、西和县、礼县，农村贫困发生率最低的 10 个县区分别是玉门市、城关区、阿克塞哈萨克族自治县、高台县、红古区、金塔县、临泽县、山丹县、肃南县和永昌县。②在扶贫标准下，甘肃省农村贫困发生率最高的 10 个县区分别是和政县、迭部县、广河县、宕昌县、积石山县、东乡县、岷县、西和县、玛曲县、礼县，农村贫困发生率最低的 10 个县区分别是安宁区、城关区、临泽县、敦煌市、永昌县、阿克塞哈萨克族自治县、红古区、金塔县、山丹县、肃南县。③在稳定脱贫标准下，甘肃省农村贫困发生率最高的 10 个县区分别是和政县、积石山县、广河县、迭部县、西和县、宕昌县、东乡县、夏河县、岷县、漳县，农村贫困发生率最低的 10 个县区分别是城关区、安宁区、肃州区、永昌县、山丹县、敦煌市、金塔县、临泽县、肃南县、阿克塞哈萨克族自治县。可见，无论按照基本贫困标准，还是按照扶贫标准和稳定脱贫标准，从地域分布来看，甘肃省农村贫困发生率最高的县区主要集中位于河东地区和陇南地区，而农村贫困发生率最低的县区主要集中位于河西地区。这与甘肃省农村贫困人口规模的区域分布特征高度一致，同时也表明河东地区和陇南地区不仅贫困人口比较多，而且贫困面也比较宽；而河西地区不仅贫困人口比较少，而且贫困面也比较窄。

(3) 在基本贫困标准、扶贫标准和稳定脱贫标准下，甘肃省农村贫困人口占比与农村贫困发生率的相关系数分别为 0.75、0.72、0.66，均为正的显著相关；随着贫困标准的提高，甘肃省农村贫困人口占比与农村贫困发生率之间的相关程度呈现出下降的趋势和特征。

第九章 结论与建议

第一节 结论

一、主要结论

本书通过对贫困内涵和贫困测算方法的梳理和剖析,同时结合全面建设小康社会的内在要求,在此基础上提出以生活质量作为农村贫困测度的研究切入点,以农村入户抽样调查资料为分析对象,构建农村贫困人工神经网络模型对甘肃各县(区)在基本贫困标准、扶贫标准、稳定脱贫标准等不同贫困标准下的农村贫困人口数量、贫困人口分布、贫困发生率进行测算。得到以下主要结论:

1. 贫困内涵本身不仅比较复杂、比较抽象,同时还是一个与社会经济发展密切相关的动态概念。现有关于贫困内涵的论述往往是从收入或支出的单一维度进行阐释,与之对应的测算方法也主要以概念化的公式或指标为主,显然这与当前全面建设小康社会的内在要求并不相符。为更加客观、准确反映全面建设小康社会背景下农村居民的生产生活情况,本书提出从生活质量的视角识别和衡量农村贫困的新框架。

2. 建立农村居民生活质量指标体系是构建农村贫困人工神经网络模型的基础和平台。本书根据生活质量的内涵,充分考虑客观需要与主观需要、物质需要与精神需要、较低层次需要与较高层次需要,从收入消费与经济环境子系统、公共服务与设施供给子系统、教育与文化子系统、医疗健康与卫生子系统、农业生产子系统、家庭生活子系统、环境子系统7个方面建立农村居民生活质量评价指标体系。

3. 甘肃省普通农户性别比基本平衡且劳动力资源充沛,少数民族地区婚姻状况比较严峻且文化程度普遍偏低;大部分地区从事农业生产的农户不愿意出去务工,从事农业生产时间较长且以种植业为主,接受过农业技术培训的比例偏低，参加农业保险的意识不强；少数民族地区农村空巢老人占比较低，城镇化水平高低与农村在校学生比例成反比；大部分地区农户饮用水状况良好，生活用能以煤和柴草为主，农村地区拥有电脑数量普遍偏低，手机普及率较高，但网购经历较少，使用电子商务销售农产品比例偏低。

4. 甘肃省规模农户中少数民族地区未婚人群比例较高且文化程度普遍较低，对农业技术培训不够重视，在校学生占比差异较小且农村空巢老人占比较低；大部分地区农户倾向于在本地活动，生产方式主要以种植业和畜牧业为主，且从事农业生产时间在30天以上；大部分地区农户饮用水状况良好，生活用能以煤和柴草为主，家庭厕所以普通旱厕和卫生旱厕为主；转包是土地流转流的主要方式，流转耕地主要用于农作物种植，大部分地区农业经营单位参加农业保险的意识较弱。

5. 对普通农户和规模农户的生产生活状况进行比较研究可以看出，普通农户和规模农户在未婚率和丧偶率方面，在校学生比例、接受农业技术培训比例方面，使用煤气、天然气、电作为生活用能方面，以及从事农业生产时间等方面均存在差异。这表明中央和地方政府各项惠农政策的实施和落实确实对农村居民生产生活状况有了一定的改善，但对普通农户和规模农户生产生活方面产生的效果存在着差异。

6. 本书所构建的农村贫困测度神经网络模型不仅适合于甘肃省农村贫困人口的测度，同时也适合于其他区域农村贫困人口的测算，具有一定的可复制性。根据生活质量确定的贫困标准与根据收入确定的贫困标准一样，都是相对的、动态的标准，需要随着社会经济发展水平的不断提高进行调整。农村贫困测度神经网络模型对低生活质量居民家庭和较高生活质量居民家庭预测的正确概率较高，对较低生活质量居民家庭预测的正确概率相对较低。

7. 从分布地域来看，甘肃省河东地区和陇南地区不仅农村贫困人口比较多，而且贫困面也比较宽；而河西地区不仅农村贫困人口比较少，而且贫困面也比较窄。甘肃省贫困人口规模较大的县（区），其潜在的贫困人口数量较大，相应的返贫概率和数量也较大，要实现稳定脱贫的难度也较大；而贫困人口规模较小的县（区），其潜在的贫困人口数量较小，相应的返贫概率和数量也较小，要实现稳定脱贫的难度会降低。

二、存在的问题

整体来看，农村居民在饮水、做饭、取暖、出行等基本生活方面得到了有效保障，电脑、手机等日常通信工具的普及率在逐渐上升。农村居民的生活质量有了较大的改善，大部分农户实现了"两不愁、三保障"；规模农户和普通农户之间在各个方面既存在不同点，又存在相同点。这既离不开中央和地方政府各项惠农政策的实施和落实，又离不开精准帮扶工作的持续跟进。在看到这些来之不易的成绩同时，还应该看到甘肃农村的落后面貌没有得到根本性的改变。存在的问题主要表现在：

1. 几千年来农村居民形成的市井观念依然根深蒂固。大部分甘肃农村居民宁肯从事农业收入少一些，也不愿意到外面去务工；而且部分家庭千辛万苦培养出来的大学生，在毕业以后仍然希望他们回到农村去，当然并不是说回到农村发展就不够好，主要是到外面发展可能会有更好的机会，收入也可能会更高，为家庭带来更多的经济来源。这种现象在农户外出务工时间和从事农业工作时间的调查中体现得非常明显。

2. 农业生产的基础条件脆弱，靠天吃饭的现象仍然明显。由于甘肃省自身特殊的地理环境和气候特征，导致大部分区域尤其是定西和陇东等地区常年干旱少雨，农作物种植业往往由于干旱等原因基本上是颗粒无收、血本无归；农民赖以生存的基本收入来源得不到保障，通过发展农业资助贫困户脱贫的稳定性较差，返贫的概率较高。这些给整个帮扶工作带来较大的不确定性和复杂性，同时也是需要持续关注的问题。

3. 农民收入主要依靠种植业和养殖业，收入来源较为单一，存在较高的市场风险。从气候和地理位置方面来讲，甘肃能够适合种植业发展的区域非常有限；即使多数地方在发展种植业，其产量往往比较低，甚至在旱灾年份颗粒无收。对于养殖业来说，主要以河西、临夏地区养羊和甘南、陇东地区养牛为主，缺少产业链延伸和深加工企业，同时由于信息不对称和缺少产品定价话语权往往会给农户带来"谷贱伤农"的效应。

4. 农产品的销售渠道比较传统，对电子商务等新业态、新模式的使用程度较低。甘肃省很多农产品比较有地方的特色，但却没有全国的知名度。因此，在使用电子商务等新的营销渠道之前，需要首先做好特色农产品的宣传和包装，形成固定的品牌和一定的影响力。这不仅需要企业的投入，更需要政府的政策和平台支持。

5. 农村居民未婚比例较高，少数民族地区文化程度偏低。农村孩子"结婚难"的现象在甘肃比较严重，尤其是经济越困难的地方，这个问题就越发突出；"结婚难"的问题在表面上看是经济问题，其实背后隐藏着重大的社会安全隐患，值得高度重视。而与这个问题叠加的是农村居民文化程度偏低,尤其是少数民族地区辍学率依然较高;虽然国家实行了九年义务教育,但对提高少数民族地区的文化程度并不显著。

第二节 建议

  针对甘肃省贫困面宽、连片贫困以及贫困固化等特点,虽然甘肃省采取双联惠农贷款等重要措施进行帮扶,同时也取得了一定的成效,但在扶贫效果的稳定性和显著性方面还存在着问题。为确保2020年与全国人民一起实现小康社会的奋斗目标,结合甘肃省的实际情况,本文主要提出以下对策建议:

  1. 扶贫先扶智,改变农村面貌的关键在于改变农民的思想观念。在甘肃广大的农村,大部分农民的基本生活都得到了有效的保障;那么如何能够让大家过上更好的日子,不断提高生活质量就成了现在和未来需要关注的重点话题。需要强调的是,在科技发展日新月异的时代,如果农民仍然保持现有的保守和安逸的观念,未来不仅无法过上好日子,提高生活质量,反而可能会比现在更加艰难。因此,推进农村可持续发展和高质量发展的关键在于改变农民的思想观念。

  2. 扩大贷款额度和用途,延长贷款使用期限。甘肃省农业生产主要以种植业和养殖业为主,由于种植业和养殖业有其自身的生产周期和资金周转时间,这不同于标准化的工业生产过程和生产特点。因此,对贫困户脱贫致富的资金支持途径应该是多种多样和灵活可变的,如果政府对贷款用途限制过死,增加政府干预的因素,不利于发挥农业生产经营的积极性;有时甚至会对农业发展起到抑制的作用。建议将贷款用途扩展至交通运输业、餐饮业、加工业、旅游业等多个可增加农户收入的行业和领域;同时根据不同产业的生产周期,贷款期限可延长至3~5年,以适应农户生产经营的需求。

  3. 发挥政府宏观调控的优势,力争初级产品定价的话语权。实地调研发现,甘肃省大多数县(区)的农村居民通过养羊、养牛以及种植瓜果等脱贫致富,由于这些行业的产品都是初级产品,位于价值链的起点,在缺少深加工提高产品附加值的情况下,一旦出现供过于求的现象,初级产品的价格就会受到较大的打压,无形中会增加生产者的经营风险。因此,应从政府调控的层面,主动把握初级产品定价的话语权,稳定初级产品的价格避免出现较大的波动,为农村居民脱贫致富保驾护航。

  4. 避免扶贫中的"空心化",构建稳定脱贫机制。目前采取的脱贫措施主要有政府贴息的银行贷款、财政补贴、财政救济等,通过这些资金鼓励有经营能力的农民发展生产和提高收入,同时对没有劳动能力的农民直接发放低保;但对于有劳动能力而没有经营能力的农民来讲往往得不到扶贫政策的恩惠,仍然处于扶贫的边缘。同时,在农村有两件事最为重要,分别是教育和看病,虽然农村实行九年义务教育和医保的全覆盖,但还不足以弥补上大学和大病给家庭所带来的沉重负担,因此增加农民的大学教育保险和提高医保的报销比例和报销范围显得非常重要。总之,要构建稳定的脱贫机制,需以政策的组合拳为依托。

5. 切实提高少数民族地区文化程度,大力提倡移风易俗的婚姻新风尚。少数民族地区文化程度的提高对于维护民族团结和地区稳定具有重要的现实意义,在精准扶贫的过程中,针对少数民族地区可以把提高学生的入学率和受教育时间作为其中的重要工作来抓。在农村因子女结婚返贫的现象时有发生,因此通过多种形式宣传和提倡简单、节俭、自由的结婚新风气,树立正面典型,传递正向能量就显得非常有现实意义;建议可以将这项工作的实施和考核作为基层政府和村委会的日常工作进行开展。

参考文献

[1] 孙小平. 我国农村贫困线测定方法及实证分析 [D]. 浙江工商大学, 2012.

[2] 孙秀玲, 田国英, 潘云, 等. 中国农村居民贫困测度研究——基于山西的调查分析 [J], 经济问题, 2012, (4): 79-84.

[3] Sen A. Poverty: An Ordinal Approach to Measurement [J], Econometrica, 1976, (44): 29-231.

[4] Sen A. The Quality of Life. First Edition [M]. Oxford: Clarendon, 1993.

[5] Rowntree Benjamin S. Poverty: A Study of Town Life [M]. London: Macmillan, 1901: 103.

[6] Runciman W G. Relative Deprivation and Social Justice [M]. London: Routldge&Paul, 1966: 43.

[7] Fuchs Victor. Redefining Poverty and Redistributing Income [J]. The Public Interest, 1967: 86-94.

[8] Sen A. Commodities and Capabilities [M]. Amsterdam: North Holland, 1985: 46-58.

[9] 劳埃德·雷诺兹. 微观经济学 [M]. 马宾, 译. 北京: 商务印书馆, 1982.

[10] Holman R. Poverty Explanations of Social Deprivation [M]. Martin London: Robertson &Company Ltd. 1978.

[11] 西奥多·W. 舒尔茨. 经济增长与农业 [M]. 郭熙保, 周开年, 译. 北京: 北京经济学院出版社, 1991.

[12] Chamber R. Poverty and Livelihood: whose Reality Counts? [J]. Economic Review. 1995, 11 (2): 357-382. PHam

[13] Robert Haveman, Andrew Bershadker. Self-reliance as a poverty criterion: trends in earnings-capacity povery, 1975—1992 [J]. American Economic Review,

1998, 88 (2).

[14] 马丁·瑞沃林. 贫困的比较 [M]. 赵俊超, 译. 北京: 北京大学出版社, 2005.

[15] 国家统计局. 中国城镇居民贫困问题研究课题组和中国农村贫困标准课题组研究报告 [R]. 北京, 1990.

[16]《中国农村贫困标准》课题组. 中国农村贫困标准研究 [J]. 统计研究, 1990 (06): 37-42.

[17] 童星, 林闽钢. 我国农村贫困标准线研究 [J]. 中国社会科学, 1994 (03): 86-98.

[18] 林闽钢, 张瑞利. 农村贫困家庭代际传递研究——基于CHNS数据的分析 [J], 农业技术经济, 2012, (1): 29-35.

[19] 康晓光. 90年代我国的贫困与反贫困问题分析 [J]. 战略与管理, 1995 (04): 64-71.

[20] 李实, John Knight. 中国城市中的三种贫困类型 [J]. 经济研究, 2002 (10): 47-58, 95.

[21] 都阳, 蔡昉. 中国农村贫困性质的变化与扶贫战略调整 [J]. 中国农村观察, 2005 (05): 2-9, 22-80.

[22] UNDP. Human Development Report [M]. Oxford University Press, 2008.

[23] UNDP. Human Development Report [M]. Oxford University Press, 2010.

[24] 池振合, 杨宜勇. 贫困线研究综述 [J]. 经济理论与经济管理, 2012, (7): 56-64.

[25] 张建华, 陈立中. 总量贫困测度研究述评 [J]. 经济学 (季刊), 2006 (02): 675-694.

[26] Orshansky M. Counting the Poor: Another Look at the Poverty Profile [J]. Social Security Bulletin, 1965, 28 (1): 3-29.

[27] Foster J, Greer J, Thorbecke E. A Class of Decomposable Poverty Measures [J]. Econometrica: Journal of the Econometric Society, 1984: 761-766.

[28] 唐钧. 确定中国城镇贫困线方法的探讨 [J]. 社会学研究, 1997 (02): 62-73.

[29] 吴碧英. 城市最低生活保障标准实证分析 [J]. 中国社会保障, 2004 (04): 60-61.

[30] 洪兴建. 贫困指数理论研究述评 [J]. 经济评论, 2005 (05): 112-

117.

［31］Shorrocks A. F. Inequality decomposition by factor components［J］. Economitrica，1982，50（1）.

［32］Shorrocks，A. F. Revisiting the Sen Poverty Index［J］，Econometrica，1995，（63）：1225-1230.

［33］Sen Amartya K. Poverty and Famine：An Essay on Entitlement and Deprivation［M］. Clarendon Press，Oxford University Press，1981：65.

［34］邹薇，方迎风. 关于中国贫困的动态多维度研究［J］. 中国人口科学，2011（06）：49-59，111.

［35］方迎风. 中国贫困的多维测度［J］. 当代经济科学，2012，34（04）：7-15，124.

［36］Lugo M A，Maasoumi E. Multidimensional Poverty Measures from an Information Theory Perspective［R］. OPHI Working paper No. 10，2009-03.

［37］Bourguignon F，Chakravarty S R. The Measurement of Multidimensional Poverty［J］. Journal of Economic Inequality，2003（1）：25-49.

［38］Cheli B，Lemmi A. A Totally Fuzzy and Relative Approach to the Multidimensional Analysis of Poverty［J］. Economic Notes，1995，24：115-134.

［39］Ramos Xavier，Silber Jacques. On the Application of Income and Efficiency Analysis to the Study of Dimensions of Human Development. Review of Income and Wealth，2005，51（2）：285-310.

［40］Alkire S，Foster J. Counting and Multidimensional Poverty Measurement［J］. Journal of Public Economics，2011，95：476-487.

［41］尚卫平，姚智谋. 多维贫困测度方法研究［J］. 财经研究，2005（12）：88-94.

［42］陈立中. 转型时期我国多维度贫困测算及其分解［J］. 经济评论，2008（05）：5-10，25.

［43］王小林，Sabina Alkire. 中国多维贫困测量：估计和政策含义［J］. 中国农村经济，2009（12）：4-10+23.

［44］黄承伟，王小林，徐丽萍. 贫困脆弱性：概念框架和测量方法［J］. 农业技术经济，2010（08）：4-11.

［45］杨国涛，周慧洁，李芸霞. 贫困概念的内涵、演进与发展述评［J］. 宁夏大学学报（人文社会科学版），2012，（34）：139-143.

[46] 韩凤磊. 甘肃省农村贫困现状研究 [D]. 兰州大学, 2011.

[47] 阿玛蒂亚·森. 贫困与饥荒 [M]. 王宇, 王文玉, 译. 北京: 商务印书馆, 2001.

[48] 阿玛蒂亚·森. 以自由看待发展 [M]. 任颐, 于真, 译. 北京: 中国人民大学出版社, 2002.

[49] 刘建平. 贫困线测定方法研究 [J]. 山西财经大学学报, 2003 (04): 60-62.

[50] 吴国宝. 贫困线建立的理论和方法述评 [J]. 经济学动态, 1995 (11): 70-74.

[51] 周常春, 刘剑锋. 国外贫困测度研究综述 [J]. 安徽农业科学, 2014, 42 (21): 7267-7269.

[52] 赵璐. 贫困线计算研究综述 [J]. 中小企业管理与科技 (上旬刊), 2015 (10): 178-179.

[53] 张艳涛, 白云涛, 韩国栋. 采用扩展线性支出系统来测算贫困线 [J]. 市场周刊 (理论研究), 2007 (11): 143-144.

[54] 汪晓文, 马凌云, 李玉洁. 基于 ELES 方法的甘肃农村贫困线测定分析 [J]. 甘肃联合大学学报 (社会科学版), 2011, 27 (05): 1-6.

[55] 唐运舒, 于彪. 贫困线几种测量方法的实证比较 [J]. 当代经济管理, 2009, 31 (05): 66-69.

[56] 姚金海. 基于 ELES 方法的贫困线测量 [J]. 统计与决策, 2007 (02): 115-117.

[57] 高云虹. 对贫困线测算中马丁法的几点思考 [J]. 兰州商学院学报, 2012, 28 (04): 34-38.

[58] Townsend P. Poverty in the United Kingdom: A Survey of Household Resources and Standard of Living [M]. Berkley California: University of California Press, 1979.

[59] 刘福成. 我国农村居民贫困线的测定 [J]. 农业经济问题, 1998 (05): 53-56.

[60] 申付亮, 朱红菠. 基于购买力平价思想测算地区农村贫困线 [J]. 网络财富, 2010 (08): 165-167.

[61] 李博. 贫困线测定问题研究综述 [J]. 当代经济, 2008 (02): 40-41.

［62］杨立雄．贫困线计算方法及调整机制比较研究［J］．经济社会体制比较，2010（05）：52-62．

［63］张全红．对中国农村贫困线和贫困人口的再测算［J］．农村经济，2010（02）：51-54．

［64］张全红，张建华．中国农村贫困变动：1981—2005——基于不同贫困线标准和指数的对比分析［J］．统计研究，2010，27（02）：28-35．

［65］朱晶，王军英．物价变化、贫困度量与我国农村贫困线调整方法研究［J］．农业技术经济，2010（03）：22-31．

［66］王小林．贫困标准及全球贫困状况［J］．经济研究参考，2012（55）：41-50．

［67］罗栋．城镇居民生活质量和经济发展的关系分析［M］．北京：经济管理出版社，2012：40-45．

［68］易松国．生活质量研究进展综述［J］．深圳大学学报（人文社会科学版），1998（01）：102-109．

［69］Gurin G, Veroff J, Feld S. Americans View Their Mental Health［M］. New York：Basic Books, 1961.

［70］Galbraith J K, Crook A. The Affluent Society［M］. Houghton：Mariner Books, 1998.

［71］Rymond Bauer（Ed.）. Social Indicators［M］. Cambrige, Mass：Massachusetts Institute of Technology Press, 1966.

［72］夏海勇．生活质量研究：检视与评价［J］．市场与人口分析，2002（01）：67-75．

［73］W. W. Rostow. Politics and Stage of Growth［M］. Cambridge, 1971：42-58.

［74］文毅荣．我国居民生活质量的统计研究［D］．南京财经大学，2007．

［75］厉以宁．社会主义政治经济学，［M］．2版．北京：商务印书馆，1986．

［76］朱国宏．生活质量综合指数问题初探［J］．经济学家，1993（02）：98-106．

［77］冯立天．构建和谐社会与提高生活质量［A］．北京市社会科学界联合会、北京师范大学．和谐社会：社会公正与风险管理——2005学术前沿论坛论文集（上卷）［C］．北京市社会科学界联合会、北京师范大学：北京市社会科

学界联合会，2005：14.

[78] 林南，王玲，潘允康，等. 生活质量的结构与指标——1985年天津千户户卷调查资料分析 [J]. 社会学研究，1987（06）：73-89.

[79] 林南，卢汉龙. 社会指标与生活质量的结构模型探讨——关于上海城市居民生活的一项研究 [J]. 中国社会科学，1989（04）：75-97.

[80] 卢淑华，韦鲁英. 生活质量与人口特征关系的比较研究——北京、西安、扬州三市部分地区调查 [J]. 北京大学学报（哲学社会科学版），1991（03）：58-69，129.

[81] 卢淑华，韦鲁英. 生活质量主客观指标作用机制研究 [J]. 中国社会科学，1992（01）：121-136.

[82] 陈义平. 关于生活质量评估过程中的几个问题 [J]. 人口学刊，1997（03）：3-8.

[83] 陈义平. 关于生活质量评估的再思考 [J]. 社会科学研究，1999（01）：83-86.

[84] 赵彦云，李静萍. 中国生活质量评价、分析和预测 [J]. 管理世界，2000（03）：32-40.

[85] 周长城，饶权. 生活质量测量方法研究 [J]. 数量经济技术经济研究，2001（10）：74-77.

[86] 王威，周长城. 社会发展与生活质量 [J]. 计划与市场，2001（09）：28-29，36.

[87] 周长城. 社会发展与生活质量 [M]. 北京：社会科学文献出版社，2001.

[88] 周长城，袁浩. 生活质量综合指数建构中权重分配的国际视野 [J]. 江海学刊，2002（01）：94-99，207.

[89] 周长城，饶权. 政策层面的生活质量指标体系 [J]. 江苏社会科学，2002（01）：177-181.

[90] 周长城，蔡静诚. 生活质量主观指标的发展及其研究 [J]. 武汉大学学报（哲学社会科学版），2004（05）：582-587.

[91] 穆广杰. 居民生活质量评价指标体系的完善 [J]. 郑州航空工业管理学院学报（社会科学版），2004（06）：117-118.

[92] 王威，陈云. 欧洲生活质量指标体系及其评价 [J]. 江苏社会科学，2002（01）：182-186.

[93] Daly H., Cobb J. For the Comrnon Good: Rediercting the Eeonomy Towards Community, the Envirourment and a sustainable Future. 1st Edition. Boston: Beacon Press, 1990.

[94] 周长城. 全面小康: 生活质量与测量——国际视野下的生活质量指标, [M]. 北京: 社会科学文献出版社, 2003.

[95] Douthitt, Robin A., Macdonald M., Mullis, R. The Relationship between Measure of Subjective and Economic Well-Being: A New Look [J]. Social Indicators Research, 1992 (26): 407-402.

[96] Cummins, Robert A. Objective And Subjective Quality of Life——An Interactive Model [J]. Social Indicators Research, 2000 (52): 55-72.

[97] Heady B. An Economic Model of Subjective Well-Bing: Intergrating Economic and Psychological Theories [J]. Social Indicators Research, 1993 (28): 97-116.

[98] 罗萍, 殷燕敏, 张学军, 等. 国内生活质量指标体系研究现状评析 [J]. 武汉大学学报 (人文社会科学版), 2000 (05): 645-649.

[99] 赵彦云, 王作成. 我国生活质量的国际比较 [J]. 北京统计, 2003 (09): 49-51.

[100] 张润清, 谢艳辉. 中国农村居民生活质量评价指标体系研究 [J]. 经济论坛, 2004 (04): 116-119.

[101] 易松国. 生活质量研究进展综述 [J]. 深圳大学学报 (人文社会科学版), 1998 (01): 102-109.

[102] 卢淑华. 中国城市婚姻与家庭生活质量分析——根据北京、西安等地的调查 [J]. 社会学研究, 1992 (04): 84-91.

[103] 贺宏善. 关于提高农民生活质量问题的探讨 [J]. 农业经济问题, 1998 (06): 33-35.

[104] 郑振佺, 陈飞天, 陈绍军. "十五"期间提高福建省农民生活质量的影响因素及其对策 [J]. 福建农业大学学报 (社会科学版), 2001 (03): 24-36.

[105] 周万全. 农村居民生活质量的调查研究 [D]. 华中农业大学, 2005.

[106] 张润清, 谢艳辉. 中国农村居民生活质量评价指标体系研究 [J]. 经济论坛, 2004 (04): 116-119.

[107] 邱东. 多指标综合评价方法的系统分析 [M]. 北京：中国统计出版社, 1991.

[108] Jiawei Han, Micheline Kamber. 数据挖掘概念与技术 [M]. 范明, 孟小峰, 译. 北京：机械工业出版社, 2007.

[109] K. P. Soman, Shyam Diwakar, V. Aja. 数据挖掘基础教程 [M]. 范明, 牛常勇, 译. 北京：机械工业出版社, 2009.

[110] 韩君, 张文辉. 基于生活质量视角的农村贫困测度方法研究 [J]. 兰州财经大学学报, 2017（5）：41-49.

[111] 杨曾武, 等. 社会经济统计学原理 [M]. 2版. 北京：中国统计出版社, 1983.